AF140664

Arobed Assiah

Tashi
Amethyst und Lavendelquarz

novum pro

www.novumverlag.com

Bibliografische Information
der Deutschen Nationalbibliothek:

Die Deutsche Nationalbibliothek
verzeichnet diese Publikation in
der Deutschen Nationalbibliografie.
Detaillierte bibliografische Daten
sind im Internet über
http://www.d-nb.de abrufbar.

© 2022 novum Verlag

ISBN 978-3-99107-846-3
Lektorat: Tobias Keil
Umschlagfotos: Larysa Uhryn,
Alexander Potapov | Dreamstime.com
Umschlaggestaltung, Layout & Satz:
novum Verlag

Gedruckt in der Europäischen Union
auf umweltfreundlichem, chlor- und
säurefrei gebleichtem Papier.

www.novumverlag.com

Das Dimensionentor

Zaghaft steht Sasha vor Tashis Dimensionentor, welches ihn, ihren Schulfreund, sowie sie selbst in die Anderswelt, eine nicht mit Menschenaugen wahrnehmbaren Dimension, katapultieren soll. Das Mädchen schaut sich überall um, aber kann nichts weiter entdecken als das ihr Vertraute: Wiesen, Bäume, ein sprudelnder Bach nebenan. Irgendwoher hört man das Echo von Autolärm einer in der Nähe vorbeiziehenden Landstraße.

Sasha fühlt mit ihren Händen in die Luft, als würde sie mit ihr spielen. Sie bewegt ihre Arme, als wollte sie nach etwas greifen, aber es gibt nichts zu greifen. Dagegen gibt es haufenweise Neues zu *be*-greifen!

Tashi, der neben ihr steht und bereits unendlich viele Male dieses Dimensionentor durchschritten hat, beobachtet lächelnd, wie sie mit ihren Armen nach etwas Unsichtbarem sucht. Er bleibt vorerst ruhig, um seine kleine Schulfreundin nicht zu beeinflussen.

Ungeduldig, leicht verwirrt und immer noch suchend wendet sie sich an ihn.

»Tashi? Etwas ist hier anders, die Farben der Natur, selbst das Blau des Himmels, werden intensiver und mein Herz schlägt ganz stark.«

»Ich weiß Sasha, das ist es nun, das Dimensionentor, wo sichtbar-unsichtbar miteinander verschmelzen. Von diesem Übergang in diverse Parallelwelten habe ich dir versucht zu berichten, jetzt erlebst du es selber. Nur noch einen Schritt und du wirst mit mir in meine Anderswelt eintauchen, wie ich es dir erzählt habe. Willst du das immer noch? Nimm dir Zeit und überlege es dir gut, weil, wenn einmal erlebt, du danach alles anders wahrnimmst. Die Anderswelt wird dich verändern. Deine inneren Welten verändern deine Sicht in den äußeren Welten. Du wirst anders werden und dein Leben aus ganz neuen Perspektiven sehen und erleben!«

Sasha steht still und sucht scheu Tashis Hand. Sie guckt ihn von der Seite an, aber zögert mächtig diesen Schritt zu wagen. Tashi ist ihr bester Freund aus der Schule und er ist der Einzige, dem sie sich ganz öffnen kann mit ihrem Kummer und ihren Sorgen. Er ist so weise, viel zu klug für sein Alter. Sie vertraut ihm total. Als er ihr einmal vom Baum, seinem Freund, und Klara, dem Regenbogenhuhn, seiner gefiederten Spezialfreundin, erzählt hat, wäre sie am liebsten gleich mit ihm in die Anderswelt gekommen. Trotz Betteln ihrerseits und mit viel Charme-Anwendung, er ließ es damals noch nicht zu!

Heute scheint er sich aber anders entschieden zu haben.

Nach allmählichem Zögern schaut sie ihn direkt an und lacht dann unerwartet fröhlich. Sie hört auf nach der Luft und dem unsichtbaren Durchgang zu suchen. Ihr langes prächtiges Kastanienfarbiges, leicht nach Kupfer glänzende Haar, das in der Sonne schimmert, schwingt mit ihrer Kopfbewegung.

Ihre Fröhlichkeit wirkt sofort ansteckend.

Erstaunt betrachtet er ihren plötzlichen Wandel.

»Okay. Ich bin so weit!«

Dabei macht sie eine lustige Grimasse und wartet auf Tashis Vorwärtsschreiten. Jetzt ist sie endgültig ungeduldig. Einmal einen Entschluss gefasst, muss es bei Sasha schnell vorwärtsgehen.

»Bist du sicher?«

Er schaut sie intensiv an, von hier an gibt es kein Zurück mehr in die gewohnte alte Daseinsweise. Sie nickt und macht große Augen als Bestätigung.

Jetzt oder nie!

Bedächtig führt Tashi seine kleine Freundin Sasha hinter den Vorhang seiner Wirklichkeit.

Sie springt mit einem Hüpfer über die unsichtbare Kraftlinie und bleibt völlig überrascht stehen. Ihre langen glänzenden

Haare scheinen Nanosekunden nach ihr durch den Vorhang zu gleiten, sie bleiben an den erhöht statisch elektrisch aufgeladenen Energien kleben. Tashi beobachtet dies und lächelt wieder. Er löst die aufgefächerten klebenden Haare vom Dimensionentor und büschelt sie sanft zurück an ihren Kopf und über ihren Rücken. Er ist sehr glücklich Sasha dabeizuhaben. Wie sie wohl auf all die neuen Eindrücke reagieren wird? Er hofft sehr, dass sie auch nach diesem Erlebnis noch Freunde sein werden. Lang und gründlich hat er sich überlegt, sogar im Geheimen mit seiner Sternenmutter kommuniziert, ob Sasha wohl bereit wäre für diesen ihren Persönlichkeitsschritt.

Seine Sternenmutter, die ihn oftmals in der nächtlichen Traumzeit besucht, hat gelächelt und genickt. »Probiere es einfach!«

Und so hat es sich ergeben, dass er dieses Mal nicht alleine durch sein geheimes Dimensionentor schreitet.

Sasha bleibt unvermittelt stehen, ihre Haare fallen jetzt wieder glatt über ihren Rücken. Ohne es zu bemerken, greift sie nach seiner Hand.

»Tashi, Tashi, was ist denn das? Sowas Schönes habe ich noch nie gesehen! Das ist … das ist … ohhh …!«

Es fehlen ihr die Worte, um die Schönheit, die sich vor ihr eröffnet, auszudrücken.

»Ist das das Paradies?«

Ihr Mund bleibt offen stehen und sie versucht, das Neue, das sich ihr bietet, aufzunehmen.

»Tashi, wieso tut mein Herz plötzlich weh? Ich habe doch keine Angst?«

Sie hält sich fester an Tashis Hand, um Rückhalt zu bekommen.

»Magst du dich erinnern, wie ich dir erklärt habe, dass hier andere physikalische Regeln gelten? Die elektrischen Ströme im Körper verändern sich und passen sich den hier anders und höher schwingenden Frequenzen an. Dein Energiefeld, das du nicht sehen kannst auf der anderen Seite des Schleiers, der Erdenwirklichkeit, dehnt sich hier, in dieser Realität aus, weil es sich anpassen muss. In dieser Wirklichkeit erlebst du die Dinge, wie sie sind, nicht wie sie erscheinen oder man erwartet, Dinge zu sehen.«

Sasha kommt aus dem Staunen nicht heraus und schaut Tashi mit großen Augen an.

»Das ist unglaublich bezaubernd. Deine Anderswelt. Zum Glück hast du mich genügend darauf vorbereitet, aber das hätte ich nicht erwartet! Die üppigen Farben, das Strahlen, den Frieden und die Harmonie die von allem ausgestrahlt wird.«

Sie spielt verlegen mit ihren Haaren, sie findet kaum die richtigen Worte um ihre Gefühle auszudrücken.

Insgeheim freut sich Tashi sehr, dass er die Situation richtig eingeschätzt und auf seine Sternenmutter gehört hat.

»Sasha, wir bleiben noch eine kurze Weile hier stehen, weil sich jetzt dein drittes Auge leicht öffnen wird. Dann wirst du noch mehr schöne Dinge sehen können.«

Er legt den Arm um ihre Schultern, um sie zu beschützen, obgleich man hier nicht beschützt werden muss. Aber er möchte ihr ein Gefühl der Sicherheit vermitteln, weil alles so brandneu ist für seine kleine hübsche Freundin. Sie schaut Tashi an und ist sehr stolz, dass sie ihn auf dieser geheimen Reise begleiten darf. Sie fühlt sich geschmeichelt, als er ihr seinen Arm umlegt. Es fühlt sich an, als hätte sie einen großen Beschützer und Bruder bekommen.

»Tashi, ich bekomme leicht Kopfweh, ist das normal?«

»Ja, das ist der erste Moment, wenn sich dein Energiefeld auf die neuen Frequenzen einstellt. Falls du auch etwas Übelkeit verspürst, wird es bald vorbei sein. Lass es fließen, beobachte es und entspanne dich. Oder möchtest du wieder zurück, raus aus dem schützenden Vorhang?«

Er schaut sie ernst an und hofft natürlich, dass sie das nicht will.

»Ohhh bitte nein, ich will mich daran gewöhnen. Ich bin neugierig. Bitte lass uns bleiben.«

Sie schaut ihn bittend an, dabei hält sie seine Hand ganz fest.

Er ist glücklich über ihre Antwort.

»Okay, lass dir Zeit. Atme immer wieder tief ein und aus. Vielleicht kannst du mir ja erzählen, was du bereits sehen kannst?«

Eine Weile bleibt es ganz still. Tashi kann es nicht erwarten zu seiner Ahnenbank zu gehen, Klara und die Sternenmutter zu begrüßen und seinen Baum zu umarmen. Aber er geduldet sich, bis Sasha sich an die neue Umgebung gewöhnt hat.

»Ich glaub, ich höre Amsel Gezwitscher.«

Er lächelt still vor sich hin und erkennt freudig, dass sie die Amsel als solche erkannt hat. Glücklich antwortet er:

»Richtig, schon mal hundert Punkte für deine Wahrnehmung!«

Sasha ist jetzt noch stolzer und bemüht sich, ihren Freund Tashi, den sie insgeheim unglaublich gerne mag, zu beeindrucken. Plötzlich erschreckt sie, sucht Tashis Nähe und presst sich ganz an seine Seite.

»Tashi, Tashi, was sind das für Riesen, vier von ihnen? Oh, sind die gefährlich?« Sie atmet schwer, weil sie nun doch etwas Angst bekommt.

Er lacht fröhlich und begrüßt seine und nun auch Sashas sichtbar gewordene Wächter.

»Halloo meine Lieben, Nga und Waka! Ach ist das herrlich, euch wiederzusehen!«

Er löst sich aus der Klammerung von Sasha, um die beiden Wächter Nga und Waka, seine geistigen Begleiter und Beschützer aus der Anderswelt, zu berühren und zu begrüßen.

Er ist so dankbar wieder an seinen geheimen Ort zurückkehren zu können. Auch er braucht diese Tankstelle, die ihm immer wieder Mut schenkt, weiter im Menschenkleid zu verbleiben. Sasha schaut ihm mit halbzugekniffenen Augen zu. Die vier Riesen sind beinahe doppelt so groß wie die beiden Kinder und leuchten aus sich selbst heraus. Vor allem Tashis Wächter strahlen, als hätten sie Diamanten verschluckt. Insgeheim kichert Sasha über diesen Vergleich. Die beiden danebenstehenden Riesen haben diese Strahlkraft nicht, sie stehen völlig verdutzt wie sie selbst in dieser ihr neuen Welt.

Tashi schaut nach oben zu seinen Wächtern und gestikuliert freudig, um ihnen Sasha vorzustellen.

»Wie ihr sehen könnt, habe ich heute Besuch mitgebracht. Für Sasha ist das alles sehr neu, sie braucht etwas Zeit, um sich zu orientieren. Aber vielleicht könnten sich Sashas Wächter ihr selber vorstellen? Sasha kennt ihre eigenen Wächter noch nicht und hat sie auch noch nie vorher gesehen. In der Menschenwelt kann man die persönlichen Helfer nicht sehen, höchstens gefühlsmäßig wahrnehmen. Nga und Waka, habt ihr euch schon ausgetauscht?«

Nga und Waka lächeln freundlich und begrüßen die noch etwas ratlos dastehenden Wächter von Sasha. Die beide sind es nicht gewohnt, von ihrem Schützling Sasha wahrgenommen zu werden. Sie scheinen etwas scheu und noch nicht so wortgewandt, aber lassen sich gerne aufnehmen und begrüßen die beiden starken, sehr selbstbewussten Wächter von Tashi.

Tashi nimmt Sashas Hand und führt sie zu ihren, beinahe doppelt so großen Wächtern, wie sie selbst ist.

»Sasha, komm her. Diese beiden großen Wesen sind deine Wächter, oder auch Beschützer aus der Anderswelt, die dich auf deiner Erdenreise begleiten. Sie stehen ganz und gar nur zu deiner Verfügung und für deine Charaktere, deine Talente und Lektionen. Sie sind gewissermaßen eine verbesserte Kopie von dir. Absolut jedes Menschenwesen wird von persönlichen Helfern begleitet. Aber leider wollen das die Menschen nicht wirklich akzeptieren oder können es sich nicht vorstellen, dass ihnen diese großartige Hilfe zur Verfügung steht. Nun, möchtest du deine Helfer kennenlernen? Hab keine Furcht vor Nga und Waka, meinen eigenen Wächter. Sie sind starke weise Krieger, die immer mit mir reisen. Ohne sie hätte ich schon längst schlappgemacht. Oder wäre gar nicht erst auf die Erde gekommen!«

Sasha ist überfordert, zeigt es aber nicht. Sie will nicht jetzt schon kapitulieren, ihr Stolz lässt das auf keinen Fall zu!

Tashis Wächter lächeln die drei neuen Besucher an und beginnen ein Gespräch mit Sashas Wächter, damit sie sich schnell vertrauter fühlen in diesem neuen Erlebnis. Nga und Waka erscheinen wie Profis und übernehmen die Führung.

Nga und Waka neigen sich leicht auf Sashas Augenhöhe entgegen.

»Sasha, möchtest du deine Wächter berühren? Sie sind wie du, nur größer. Auch wenn sie noch nicht ganz so groß sind wie wir, aber das könnte sich bald ändern.«

Nga, der sanftere Wächter, hält seine Arme in einer einladenden Geste den Wächtern von Sasha hin. Sasha nimmt Tashis Hand und schreitet mutig auf ihre beiden Wächter zu. Sie schauen sich lange gegenseitig an, nehmen einander auf, verarbeiten das Wahrgenommene und lassen die neue Erkenntnis reifen. Man sieht, wir freudiges Erkennen über ihre erstaunten Gesichter huscht.

Tashi und seine eigenen Wächter lächeln einander wissend zu, ohne darauf zu reagieren. Während Sasha sich mit ihren Begleitern anfreundet, schlendert die Sternenmutter mit einer überfreudigen Klara im Schlepptau auf die Gruppe zu.

Tashi will jetzt nicht mehr warten und rennt seiner schönen ätherischen Sternenmutter entgegen. Sie umarmen sich innig. Tashi nimmt ihren frischen klärenden Duft auf, fühlt ganz in sie hinein, als müsste er ihre Abwesenheit scannen, um sich ganz neu mit ihr zu verbinden. Seit seiner letzten Reise mit Moldavit und Malachit hat sich einiges für ihn geändert. Er ist reifer, sich selbst vertrauter geworden. Neue Selbstanteile haben sich offenbart, entwickeln und entfalten sich.

Klara, das prächtigste weiße Huhn, die meterlangen Federn silberfarbig durchwirkt, wartet ungeduldig, sie will auch! Sie gackert ganz aufgeregt und Tashi setzt sich endlich zu ihr auf den weichen Boden, um sie gebührend zu knuddeln. Das gefällt Klara und so ist auch sie zufrieden und glücklich, ihren besten Freund, ihren Lieblingsmenschen Tashi endlich wiederzuhaben.

Die Sternenmutter bleibt in respektvoller Distanz stehen, bis Sasha auf ihre Gegenwart aufmerksam wird. Sie bestaunt die unglaublich herrlichen, leicht lockigen, kupferglänzende Haare des Mädchens.

Noch weiß sie nicht, wie Sasha auf sie reagieren wird, ob sie sie überhaupt wahrnehmen kann. Aber so wie Tashi seine kleine Freundin einschätzt, wird sie alles ziemlich schnell sehen können. Sie ist sehr sensibel und sensitiv. Wie auch er, leidet sie oft unter der rauen Oberflächlichkeit der Mitmenschen, die alles, was nicht sichtbar ist, als Phantasie und dummes Zeug abtun. Die Menschen bedenken nicht einmal, dass sie weder ihre

Gedanken noch ihre Gefühle sehen können! Und dennoch sind sie sekündlich von ihnen beeinflusst oder sogar von ihren eigenen Gedanken und Gefühlen abhängig. Aber über solche Dinge will er jetzt nicht nachdenken. Er will sich total freuen und den Aufenthalt mit seinen geliebten Freunden genießen.

Sasha hat Tashis Trüppchen gesehen und starrt unverwandt auf die Sternenmutter.

»Tashi, wer ist denn das? Oh und das Huhn? Ist das ein Huhn? Das ist ja … das ist … unglaublich schön. So schön … was für ein Huhn!?«

Ein allgemeines fröhliches Lachen macht sich breit über Sashas Staunen. Die Sternenmutter umarmt Tashi wieder und Klara bläht sich fast zur doppelten Größe auf, so geschmeichelt ist sie über das ehrliche Kompliment. Sie stolziert langsam auf Sasha zu und gackert vor sich hin. Sasha muss gleich weiter staunen, denn das Gackern ist nicht nur ein gewöhnliches Gackern, sondern sie versteht tatsächlich, was Klara allen mitteilt.

Sasha versucht ein verlegenes und unsicheres Lachen.

Die Sternenmutter reicht dem Mädchen ihre Hand, ob sie sie entgegennehmen möchte.

Sasha schaut Tashi an, um sich zu versichern, dass das in Ordnung ist. Sie nimmt noch mehr auffindbaren Mut zusammen und legt die kleine Hand in die schlanke elegante Hand der Sternenmutter. Diese berührt sanft Sashas Haare, gleitet mit ihren Händen durch die kupferfarbige Pracht.

Sie begrüßt Sasha mit einem Nicken, führt sie in Richtung versteinerte Holzbank, dem magischen Zauberort.

»Lasst uns alle zur Ahnenbank gehen, dort wirst du, Sasha, dich erst mal ausruhen können und alles Weitere auf dich wirken lassen. Hat dir Tashi schon von seinen jeweiligen geheimnisvollen Reisen, die er von hier aus unternimmt, erzählt?«

Sasha genießt die ruhige schöne Stimme der Sternenmutter, sie ist sehr beruhigend und gepflegt. Gepflegt? Wie kann eine Stimme gepflegt sein? Sie ist erstaunt über diesen Gedanken. Sie war immer sehr empfindlich gegenüber gewissen Stimmlagen oder die Lautstärke der Stimmen der Menschen.

Etwas scheu beantwortet sie die Frage der schönen Sternenmutter.

»Ja, aber ich glaube, er hat mir immer nur ganz winzige Ausschnitte davon erzählt. Wenn ich das hier so sehe … denke ich, hat er mir sehr viel verschwiegen.«

Die Sternenmutter neigt sich ihr freundlich und wohlwollend entgegen.

»Das rationale Denken, die Wahrnehmung der materiellen Wirklichkeit, oder das, was die Menschen als solche wahrnehmen, kommt ziemlich ins Schleudern, wenn sie zum ersten Mal erweiterte Erfahrungen machen! Man kann es annehmen wollen oder verleugnen! Viele berühmte Menschen waren immer in der Gegenwart ihrer Quelle. Sicher sind dir Namen wie Franz von Assisi oder Joan d'Arc bekannt. Lernt ihr über solche Namen in der Menschen-Schule?«

»Ja, von Joan d'Arc haben wir in der Schule gesprochen. Aber sonst eigentlich nicht viel außer im Bibelunterricht, den ich sowieso nie wirklich mochte.«

Sie schaut zur Sternenmutter, als müsste sie sich entschuldigen über ihr Nichtwissen und das kleine Beichtgeheimnis wegen des Bibelunterrichts. Das kam ganz ohne Vorwarnung, es scheint, als würden sich durch die Gegenwart der Sternenmutter ungeahnte Schleusen öffnen.

Aber die Sternenmutter, weise wie immer, enthält sich eines Kommentars.

Schweigend sitzen sie auf der herrlichen Bank, langsam öffnet sich Sashas drittes Auge weiter und sie nimmt die außergewöhnliche, farbenprächtige Landschaft intensiver wahr. Das betrifft auch das Rauschen des nahgelegenen Bachs, das Rauschen der Blätter des Riesenbaumes und das Singen der Amsel.

Ihre Sinne sind beinahe etwas überfordert, weil alles auf einmal auf sie einströmt. Ohne Ablenkung ist hier alles fokussiert und in mächtig, starker Präsenz vorhanden. Sie ist dankbar für das Einfühlungsvermögen der Sternenmutter. Die neu aktivierten Schwingungen oder Frequenzen, wie Tashi es nennt, ermüden sie sehr schnell.

Sasha kommt überhaupt nicht mehr aus dem Staunen heraus. Selbst die Ahnenbank hat sie persönlich begrüßt! Eine sprechende Holzbank? Nee, sowas hat sie bestimmt noch nie erlebt. Alles scheint an diesem Ort, Tashis Kraftort, in Bewegung und lebendig, belebt und beseelt.

Klara ist nicht sicher, zu wem sie sich setzen soll. Tashi unterhält sich mit seinen Wächtern, während Sashas Wächter scheu Aufstellung neben der übergroßen versteinerten Holzbank nehmen. Auch sie bestaunen die traumhafte Sitzbank, auf der bequem eine ganze Familie Platz hat. Sashas Wächter bestaunen die prächtigen eingravierten Schnitzereien, die im Millionen Jahre alten versteinerten Holz teilweise wie Gold glänzen, je nach Lichteinfall.

Der magische Baum macht sich nun auch bemerkbar und beginnt sein Lied zu singen, indem er sich sanft hin und her wiegt. Das Rascheln seiner Blätter schwingt alles in erneute Harmonie, verspricht Freude und Wandel.

Sasha schaut in die endlose Größe dieses Baumes und sofort empfindet sie ein Gefühl des Ankommens. Der Baum hat sie aufgenommen! Der Zauber des Geheimnisses hat nun auch Sasha ergriffen. Sie beginnt leise zu weinen. Man lässt sie. Die Sternenmutter streicht tröstend, ohne Worte über ihre langen, seidig glänzenden Haare. Sasha erlaubt sich, an die Sternenmutter anzulehnen, und betrachtet den gigantischen Riesenbaum, der weit in den Himmel und darüber hinaus reicht.

Die unglaubliche Harmonie, die allgemeine Freude, die Leichtigkeit und üppige Schönheit rundherum ist sie sich nicht gewohnt. Es ist einfach überwältigend. Etwas in ihr erweckt riesiges Sehnen. Immer hier zu bleiben vielleicht? Sie weiß es nicht. Sie wird schon noch drauf kommen.

Ihre Wächter nehmen ihre Gefühle auf und tief im Gedächtnis des unterdrückten Wissens beginnt sich klammheimlich eine leise Melodie zu formen. Der Baum hört das, die Ahnenbank vernimmt das Sehnen, Klara reagiert augenblicklich auf den Stimmungswechsel und setzt sich direkt zu Sasha. Jetzt weint das Mädchen und lässt es hemmungslos fließen. Man lässt sie, weil man weiß, dass ihre feinstofflichen Erinnerungskanäle geöffnet werden und unterdrückte Anteile sich befreien dürfen. Sie darf ganz und gar sie selber sein. Aber ganz und gar sich selber werden wird sie erst lernen müssen, oder dürfen, sonst wäre sie ja nicht durch das Dimensionentor mit Tashi gekommen.

Wie alle Seelen im Menschenkleid, ist auch sie einem Programm unterworfen, das sich sorgfältig aufzulösen beginnt. Man muss erst erfühlen, was es bedeutet, ganz sich selber zu sein und vor allem auch, sich in seiner Einzigartigkeit entfalten zu können! Wenn diese Erkenntnis geschieht, ist das ein ganz spezieller glücklicher Tag. Beinahe wie eine Wiedergeburt.

Wenn Phoenix aus der Asche aufersteht sozusagen.

Während sich Sasha ausweint, spaziert Tashi zum naheliegenden Teich, um seine Füße zu kühlen. Er liebt es, mit den Beinen im Wasser zu paddeln, es erinnert ihn an das blaue Reich der wunderschönen Undine auf der Regenbogenreise. Mit den Elementen verbunden zu sein hilft sich an die Größe des Lebenskreislaufes zu erinnern. Er summt leise vor sich hin, um sich auf sein feinstoffliches, Lichtes Wesen einzustimmen.

Das Wasser beginnt mit ihm zu plaudern. Eine große, sagenhaft schöne, schimmernde Libelle fliegt auf ihn zu und schwebt direkt vor sein Gesicht.

»Es ist schön von dir, dass du Sasha erlaubt hast, unser Reich zu besuchen. Sie wird es dringend brauchen. Ihre Mutter ist krank. Das wusstest du doch, oder? Jedenfalls wird sie einen guten Freund und viel Unterstützung brauchen, um durch diese schwierigen Zeiten zu kommen. Du wirst ihr wie ein starker Bruder helfen, sich im emotionalen Durcheinander zurechtzufinden!«

Tashi antwortet der Stimme, die aus dem Wasser zu ihm gesprochen hat.

»Ja, ich dachte mir schon so was, obwohl sie mir nicht viel darüber erzählt hat. Sie spricht mehr über ihre Gedanken und Gefühle. Sasha spricht selten von ihrer Mutter, aber ich weiß, dass sie krank ist und Sasha überall aushelfen muss. Ja, und sie ist auch ein Einzelkind so wie ich. Das bringt uns etwas näher. Sie scheint mir zu vertrauen.«

Die Libelle flattert jetzt um Tashis Kopf und macht auf sich aufmerksam. Er beobachtet sie und dann beginnt es zu dämmern.

»Pixie? Pixie, bist du das, meine Schöne?«

Aufgeregt streckt er seine Hand nach ihr aus, damit sie auf ihr landen kann. Sie verwandelt sich sofort in Pixie, seine Lichtelfe, die treue Begleitung aus dem Malachit und Moldavit Reich.

Tashi ist überglücklich, versucht sie sanft zu berühren, denn sie ist nur so groß wie eine wohlgeformte Hand und überaus zart. Ihre silbrig glänzenden Haare strahlen im Licht der Sonne. Freudig lächelt sie ihn mit ihrer typischen, berühmten »Kopf-Schieflage« neckisch an. Ihre großen forschenden Augen sind auf ihn gerichtet. Er harrt ihrem tiefen Blick und schwadert mit seinen Füßen im Wasser vor lauter Freude.

»Tashi, ich freu mich so, dich wiederzusehen und mit dir auf eine neue Reise zu kommen! Das wird heiter werden, du wirst schon sehen.«

Pixie strahlt ihn an und fliegt dann an ihren üblichen Lieblingsort, nämlich zu Tashis wildem blonden Haarschopf. Er wippt mit seinem Kopf, als wollte er sich zu einem Musikstück bewegen. Dabei hüpft sie fröhlich hin und her auf seinem Wuschelkopf. Das Leben ist wieder schön, wie immer, wenn er hier an seinen traumhaften Kraftort kommt.

»Du hast deine Schulfreundin mitgebracht. Ich habe sie gesehen, ihr zwei seid süß. Sie wird mich wohl auch mögen, oder Tashi?«

»Meine süße Pixie, ob dich jemand mag oder nicht, interessiert mich absolut nicht, denn du bist mein Schatz, ein Schatz aus meiner Sonnen-Heimat! Du bist meine Erinnerung an mein eigenes Wesen. Aber glaube mir, ich weiß mit Bestimmtheit, dass sie dich mögen wird! Wie kann man denn etwas so Zauberhaftes wie dich nicht kennen wollen?«

Pixie schwebt wieder vor sein Gesicht und schaut ihm erneut tief in die Augen. Ihre eigenen Augen immer noch in denselben unwirklichen Türkis goldenen Farben wie bereits auf der letzten Reise bei Malachit und Moldavit. Diese innige Begegnung bewirkt eine Symbiose und verbindet die beiden bis in die tiefsten Daseinsebenen.

Er atmet erlöst aus, ja, er ist gerade voll und bewusst in seiner Anderswelt angekommen. Er entspannt sich durch und durch und bedankt sich telepathisch für ihre Gegenwart. Sie hält ihren Kopf wieder schief, lächelt verschmitzt, haucht einen federleichten Kuss auf seine Nase und schwebt zurück in seinen Haarschopf.

Tashi ist glücklich, jetzt ist alles in Ordnung. Er ist gestärkt für ein neues Abenteuer.

Das Wasser plätschert um Tashis Füße und kleine Fische sammeln sich und begrüßen ihn im Teich. Er spielt mit den Händen, die er ins Wasser taucht, um sie zu berühren, und spricht leise mit ihnen. Die spielenden, bunten Fische lieben ihren Jungen und schnappen fröhlich nach Luft, wenn sie vermeintlich etwas mitteilen wollen. Es ist eine schöne Gabe, sich über die einfachen Dinge im Leben zu erfreuen. Sie nähren die Seele. Und genießen kann man diese stillen Glücksmomente auch nur, wenn man sich hingeben kann. Sich dem Moment hingeben! Ohne Ablenkung ganz im Sein sein …

Während er lange am Wasser sitzt, die Stille und die Natur genießt, nähert sich Sasha mit der Sternenmutter und Klara, die die beiden begleitet. Sasha hat aufgehört zu weinen, ihr Gesicht ist noch gerötet und verweint und ihre Haare nass von den Tränen. Tashi steht auf, um sie willkommen zu heißen in der neuen Umgebung.

Er winkt mit den Händen und deutet an, dass sie sich neben ihn setzen soll.

»Du bist jetzt in Resonanz mit einer meiner vielen Wirklichkeiten gegangen! Lass die Füße baumeln, das Wasser wird dir helfen, die Traurigkeit abzuwaschen und dich neu zu stärken! Guck mal die vielen kleinen Fische. Sind sie nicht prachtvoll in ihren Regenbogenfarben?«

Sasha setzt sich ganz nahe zu ihm hin und streckt ihre Füße ins Wasser. Sie fühlt das weiche Gras mit ihren Händen, alles ist so verfeinert und vornehm hier! Sie schaut sich nach Klara um, die das gleich gespürt hat. Klara ist geschmeichelt und kuschelt sich, wie es eine tolle Freundin macht, zwischen die beiden Kinder.

Die Sternenmutter steht im weichen Gras und lässt ihren Blick über die schöne, sich weit ausdehnende Landschaft gleiten.

»Ihr beiden, ich lasse euch kurz alleine, ich spaziere ein wenig an dem Teich entlang.«

Sie lächelt den Kindern zu, die sich sofort in ein Gespräch verwickeln. Tashi steht erneut auf, um seine schöne Sternenmutter zu umarmen, und flüstert ihr ein Dankeschön zu, weil sie sich so freundlich um Sasha gekümmert hat. Er selbst kam bis jetzt noch etwas zu kurz, aber sie werden schon noch Zeit miteinander verbringen. Er will nicht bis zum nächsten Besuch warten müssen, bis er sich ganz mit seiner Sternenmutter ausgesprochen hat!

Der große Baum spielt mit den Blättern, das Rascheln beruhigt und hört sich an wie eine schöne sanfte Melodie. Die Amsel und ihre Familie fliegen hin und her, auf und ab im großen Baum und zwitschern einander fröhlich zu.

Während Tashi aufsteht, um seine Sternenmutter zu umarmen, hat Klara Pixie entdeckt, die ihr fröhlich und schlitzohrig zugewinkt, dabei aber den Finger über den Mund gehalten hat, um Klara anzuzeigen, dass sie sie noch nicht verraten soll. Sasha soll erst mal ihre Füße im Wasser baumeln lassen, um sich noch besser an die neue Umgebung zu gewöhnen.

Nach geraumer Weile, nachdem Sasha mit den kommunizierenden Fischen vertraut wird, stupst Klara Tashi leicht an und zeigt in Richtung Kopf. Er versteht sofort, geht mit der Hand in seinen Haarschopf. Pixie hüpft unaufgefordert in die ausgestreckte Hand.

»Sasha, du sollst noch jemanden kennenlernen. Mein Reich ist voller Überraschungen und wunderbarer Helfer, die mich sowohl in meiner Menschenwelt als auch hier begleiten. Ich möchte dir meine Elfe, genannt Pixie, vorstellen. Guck mal.«

Langsam wendet sich Sasha von den Fischen weg zu Tashis Hand. Sofort erkennt sie das herrliche glitzernde kleine Wesen.

»Oh mein Gott! Wie süß ist das denn? Was ist das?«

Entzückt starrt sie auf das lichte, flirrende Wesen. Pixies Kleidchen schimmert in den herrlichsten Lila-Farben, sie hält ihr Köpfchen schief und lächelt Sasha zu, sagt aber nichts und bewegt sich kaum.

Sasha betrachtet das lichte Wesen lange, weiß nicht so recht, was sie mit Pixie reden oder wie sie sich verhalten soll. Schließlich begegnet man Elfen sonst nur in Märchen, normalerweise.

Aber was ist schon normal?

In welchen Wirklichkeiten ist was normal?

Woran wird normal überhaupt gemessen?

Gibt es dafür wirklich einen Massstab?

Pixie sieht Sashas Gedanken, lacht jetzt fröhlich. Sie schwebt zu Klara hin und die beiden beginnen einen fröhlichen Tanz.

Die beiden Tanzenden bestaunend meint Sasha:

»Sie ist so zart, deine Elfe. Mag sie mich?«

Tashi ruft Pixie und fragt sie ganz direkt:

»Was meinst du zu unserer neuen Begleitung Pixie?«, wobei er mit dem Kopf in Sashas Richtung nickt. Klara steht still und wartet gespannt auf Pixies Antwort. Wieder betrachtet Pixie Sasha lange und andächtig.

»Mag Sasha *mich*?« Dabei schmunzelt Pixie verschmitzt. Ihre Antwort ist eine Gegenfrage, wie listig doch, denkt sich Klara und muss unweigerlich ebenfalls schmunzeln. Jetzt beginnt Pixie ganz neckisch herumzuschweben, wobei ihr zartes Kleidchen die Farben wechselt und in den herrlichsten Regenbogenfarben um sie wirbelt.

Sasha entspannt sich, schaut in Pixies golden-türkis farbige Augen, hält ihr die Hand hin, damit die Elfe darauf landen kann. Leise flüstert Sasha ihr zu, dass sie sie sogar sehr mag, sich aber mit Elfen noch nicht so gut auskennt.

»Das freut mich und das macht gar nichts, dass du noch nicht viel über uns weißt Sasha, das wird sich automatisch im Verlauf dieses Aufenthaltes ändern. Lass dir Zeit.«

Dabei schwebt sie jetzt direkt auf Augenhöhe und die beiden verbinden sich durch das dritte Auge. Diese Verbindung ist nicht zu vergleichen mit der intensiven Verschmelzung mit Tashi, denn Pixie ist ganz und gar für Tashi da. Sie trägt dasselbe Seelenprogramm wie Tashi und sein Drache Andrach. Aber da Sasha nun auch zur Seelenfamilie gehört, werden auch sie, Pixie und Sasha, beide in das gleiche Programm eingewoben.

Als hätte Klara diesen Gedanken gehört, fragt sie Tashi nach Andrach.

»Denkst du, dass Andrach auch wieder zu Besuch kommt? Auf der letzten Reise war er unauffindbar. Ich vermisse ihn!« Dabei seufzt sie und schaut Tashi fragend an.

»Ich weiß es nicht Klara, weißt du etwas davon Pixie? Vielleicht ist es auch noch etwas verfrüht, da jetzt Sasha mit uns ist. Könnte wohl alles etwas zu viel für unsere kleine Freundin sein? Was meint ihr zwei dazu?«

»Wir werden sehen, wie diese Reise weitergeht und wohin sie uns führen wird Tashi. Alles wird sich zur rechten Zeit weisen …«

Pixie hat weise gesprochen. Sasha ist momentan froh, dass Tashis Seelendrache sich noch etwas Zeit lässt. Auch von Drachen hat sie bis anhin nur in Geschichten oder aus Tashis zögernden Erzählungen gehört, sie würde sich bestimmt ein wenig vor ihm fürchten. Irgendwie ist sie ohnehin überfordert mit allem Neuen, das sie in so kurzer Zeit kennengelernt hat. Gerade lernt sie, dass auch Elfen real sind. Das reicht vorerst!

Pixie und Klara spielen mit den Kindern, die Fische schwadern und schnappen nach Luft, um die Aufmerksamkeit zurück auf sich zu lenken, während das Plaudern des Wassers im Hintergrund lauter geworden und nicht mehr zu überhören ist.

Währenddessen verweilen die vier Beschützer, Sashas und Tashis Wächter Nga und Waka in der Nähe der Ahnenbank und erzählen sich Geschichten aus den beiden Leben ihrer Schützlinge. Sashas Wächter und Beschützer werden aufgebaut und gestärkt von Tashis Wächtern, die große Ruhe und Kraft ausstrahlen.

Sashas Wächter, die noch keine Namen tragen, setzen sich auf die große starke Ahnenbank. Auch sie vernehmen das leise Summen aus der Bank, welche die Geschichte von Tashi und jetzt auch die von Sasha erzählt. Der eine Wächter hört genau hin, er ist etwas feinfühliger als der andere Wächter. Waka beobachtet das und setzt sich zu ihm auf die Bank.

»Was kannst du hören?«

Der sensitive Wächter lächelt Waka an.

»Ich höre die Ahnen plaudern und Geschichten erzählen aus vergangenen und zukünftigen Ereignissen der beiden Kinder. Ich denke, die beiden kennen sich bereits aus vielen anderen Lebenszeiten, deshalb sind sie sich so vertraut. Jedenfalls höre ich das aus den Geschichten der kommunikativen Ahnenbank. Lach jetzt nicht über mich Waka, bitte nicht!«

Waka, der große schöne friedvolle Kriegerwächter, lacht freundlich und legt seine starke Hand auf den Arm des sensitiven Wächters.

»Bestimmt lache ich nicht über dich! Stell dir vor! Du hast das nämlich sehr richtig gehört und interpretiert. Es sind ja keine Menschenworte, die die Bank erzählt, es sind Impulse, Bilder und emotionale Hologramme, die hier übermittelt werden. Siehst du, du hast es bereits entziffern können! Gratuliere.«

Erfreut schaut Sensitiv seinen Mentor Waka an.

»Danke, dass wir durch das Dimensionentor kommen durften. Nicht nur Sasha braucht es dringend, auch wir sind etwas in Sorge und wünschen uns, neu ausgerichtet und gestärkt zu werden. Es wird eine schwierige Zeit für Sasha und ihren Vater kommen. Wir wissen das bereits und möchten uns ganz für unser Mädchen einsetzen, damit sie besser klarkommt mit den zukünftigen Umständen.«

»Natürlich helfen wir euch. Sasha kann von nun an immer wieder mit Tashi in unsere Welt eintauchen. Und wo Sasha hingeht, geht auch ihr beide mit. Das ist doch schön, so können wir uns austauschen, damit ihr Sasha besser helfen könnt.«

»Wir sind euch so dankbar. Tashi, euer Junge scheint sehr gut vorbereitet worden zu sein für die Menschenreise. Bei Sasha war dies nicht in der gleichen Intensität der Fall.«

»Das war bei Sasha nicht nötig, sie wird einen anderen Weg auf Planet Erde gehen. Dies ist Tashis letzte Reise als Mensch, bevor er sich ganz in die lichten Ebenen als Meister integriert. Deshalb wurde das für ihn momentan wichtigste immer wieder gelehrt. Er darf nichts vergessen und muss große Kräfte freisetzen, um die Brücke zwischen Materie und Geist, Licht und Dunkel in Vollkommenheit zu bewältigen. Wir wurden ausgewählt ihn zu begleiten. Manchmal müssen auch wir ihn total aufrichten. Tja, er hat sogar versucht, sein Leben zu beenden, und das bereits in seinen jungen Jahren! Aber wie er so schön sagt: Die lichten Welten wollen ihn noch nicht da oben haben, wie auch immer man ›oben‹ verstehen soll. Er darf noch nicht durch das Tor der Erlösung schreiten! Du siehst, so ohne ist unsere Aufgabe mit Tashi auch nicht. Dennoch macht es Spaß mit ihm zu reisen. Er hat einen trockenen Humor, den die Menschen in seiner Umgebung manchmal nicht verstehen. Wir lieben unseren Jungen, Tashi!«

Waka ist stolz und lächelt, wenn er an die vielen Momente denkt, in denen sie eingreifen mussten. Er möchte keine andere Seele begleiten als »seinen« Jungen.

»Was? Er wollte aus dem Erdenzirkus aussteigen?«

Der sensitive Wächter ist vollkommen erstaunt.

»Aber er erscheint stark wie ein Fels in der Brandung. So weise, so fürsorglich und … und … einfach anders als die meisten, oder überhaupt irgendwelche andere, die wir kennen.«

Er ist ziemlich erschüttert, dass es oft doch ganz anders aussieht, als es ist! Oder als man wahrnimmt.

»Tja, sag ich doch, gerade deshalb ist es ja schwierig für Tashi, WEIL er Licht ist, und er sich mit diesem ganzen Wissen in die Materie verdichten muss. Mit diesem Programm die Polarität auszuhalten, ist ein Meisterstück. Aber er wird es schaffen, bis zum glorreichen Ende, wenn die Lichtportale ihn dermaleinst freudig und mit großer Feier zurückrufen! Das wissen wir, auch wenn er oft daran zweifelt.«

Waka klopft dem ziemlich verstörten Wächter auf den Arm und schaut sich nach Nga um. Der sensitive Wächter ist höchst erstaunt, dass selbst eine Meisterseele auf ihrem letzten Gang durch die dunkle Nacht der Seele reisen muss.

Geistesabwesend schaut er in die Ferne, Richtung Teich, wo die beiden Kinder ihre Füße baden und sich sehr vertraut miteinander unterhalten.

Nga steht unter dem Baum mit dem anderen Wächter von Sasha. Die beiden lassen sich vom Baum und vom Gesang der Amselfamilie berauschen.

Sie scheinen sich nicht groß zu unterhalten. Als Waka aufsteht und auf die beiden zukommt, hört er den anderen Wächter leicht melancholisch flüstern:

»Es ist so schön bei euch. Es erinnert mich an die fröhlichen Ebenen, aus denen Sasha und wir kommen. Irgendwo haben sich diese Fröhlichkeit und Leichtigkeit aufgelöst oder sind abhandengekommen. Wir müssten sie für Sasha wiederfinden, nicht wahr?«

Er spricht leise zu Nga. Nga hält den Arm um die Schultern des anderen Wächters, weil er seine Traurigkeit spürt. Viel mehr wird nicht gesprochen.

Waka weiß jetzt, dass der sensitive Wächter, mit dem er sich gerade unterhalten hat, Sashas Fröhlichkeit und Leichtigkeit sowie auch Mut und Tatkraft verkörpert, wohingegen der andere Wächter eher die Verinnerlichung und künstlerischen Talente darstellt.

Ja, jetzt weiß er, wie er den beiden helfen kann. Er hat erkannt, wie sie sind, das zeigt ihm sehr viel über Sasha auf. Deshalb freut er sich, weil er helfen möchte und nun hat er die Art des WIE gefunden.

Nga spürt die Energie von Waka und lächelt ihn an. Nga weiß, dass sie auf dieser Reise auch eine Wandlung mitmachen darf sowie Waka, ihr schöner Partner Wächter, bei der glorreichen Undine erleben durfte. Nga freut sich bereits darauf. Sie spürt, dass sich ganz neue Wege auch für sie öffnen werden, was wiederum große Auswirkungen für Tashi haben wird.

Eigentlich sind die Wächter nicht geschlechtlich eingeteilt; da Ngas Aufgabe aber zur linken Seite von Tashi gehört, entspricht sie eher dem weiblichen Element, obgleich das Weibliche im Männlichen sowie das Männliche bereits im Weiblichen vertreten ist. Da gab es nie eine wirkliche Trennung, sie wurde nur als solche erfahren.

Die Freude ist ansteckend und der sensitive sowie der andere Wächter fühlen das. Auch Tashi, der ja aufs Intimste mit seinen großartigen Helfern verbunden ist, hat die Freude wahrgenommen und dreht sich, um sie zu suchen. Er sieht die vier so verschiedenen Wächter beim Baum stehen und schaut ihnen zu, wie sie sich unterhalten. Großes Licht strahlt um Waka und Freude hüllt Nga ein.

Tashi steht auf und zieht Sasha mit hoch.

»Da macht jemand was Sasha, lass uns zurück zum Baum gehen. Ich will meine Wächter fühlen und mich mit ihnen verbinden. Pixie, kommst du mit uns?«

Pixie schwebt vor Sasha hin, um sie kameradschaftlich, als neue Freundin in diesem Zauberreich, zu begleiten. Pixie zwinkert unauffällig Klara zu, die nur ein kurzes Gackern von sich gibt. Klara wartet auf die Sternenmutter, um später mit ihr zur Bank zurückzukehren.

Die drei, Tashi, Sasha und Pixie, machen sich auf den Weg und bedanken sich bei den Fischen für ihr lustiges Spielen.

Sasha schaut jetzt ebenfalls zum Baum und sieht ihre beiden Helfer, wie sie seltsam neugierig und noch etwas desorientiert neben den kräftigen tatenfreudigen Wächter von Tashi stehen. Sie folgt ihm und lässt sich führen. Sie vertraut Tashi immer wieder von neuem, er hat sie wahrlich noch nie schlecht beraten. Und in diesen herrlichen paradiesischen Gefilden kennt sie sich eh nicht aus. Also bleibt ihr nichts anderes übrig, als sich überraschen zu lassen. Heimlich und erstaunt betrachtet sie immer wieder die federleichte Pixie, die so unbeschwert und schimmernd vor ihnen herschwebt. Sie muss sich wirklich daran gewöhnen, dass sie tatsächlich in der Gegenwart einer Elfe ist.

Je näher sie zum Baum kommen, umso lauter beginnt die Amselmutter zu zwitschern. Tashi beschleunigt seine Schritte und hält Sashas Hand. Er wird freudig aufgeregt, seine Amsel singt wie immer die Zwischenwelten in Szene!

Schon während des Laufes beginnt Tashi tiefer zu atmen. Er reagiert augenblicklich auf die veränderte Stimmung. Sasha wird es leicht schwindlig, ihr anderer Wächter setzt sich auf die Bank, weil er Sashas Schwindel aufnimmt. Waka sieht das und mit Nga zusammen begleiten sie auch den sensitiven Wächter zur Bank zurück. Der hingegen reagiert sehr neugierig auf die veränderte Stimmung.

»Waka, was ist das? Was geschieht hier? Die Schwingungen verändern sich. Sind wir als Neulinge hier sicher?«

Sasha stolpert, Tashi fängt sie auf und bringt sie direkt zur Ahnenbank, wo die vier Helfer bereits warten. Sie setzt sich zwischen ihre beiden Wächter und atmet schwer.

Tashi winkt der Amselmutter, noch etwas zu warten, damit sich die Neulinge besser an den Frequenzwechsel anpassen können. Sie singt zwar weiter, aber langsamer. Sie will nicht, dass Tashi zu lange warten muss. Sie freut sich selbst auf seine neue Abenteuerreise. Die Amsel erspäht Pixie, die sich gemütlich in Tashis Haarschopf eingenistet hat und die beiden begrüßen sich mit einem Elfen Willkommensgruß. Es ist herrlich zu beobachten, wie sich alle miteinander verbinden und so in das gegenwärtige Gitternetz gleicher Frequenzen weben.

Mittlerweile hat auch die Sternenmutter das Singen der Amselmutter vernommen. Das bekannte Zeichen, dass wieder Besuch wartet. Schnell eilt sie auf die Bank zu, von Klara begleitet, die auf sie gewartet hat beim Teich. Wie auf einer Bühne, auf der bald ein Stück gespielt wird, sind sie alle neugierig und gespannt vor dem Weltenbaum und der Ahnenbank versammelt.

Sofort und unvorbereitet werden sie vom schönsten herrlichsten violetten Amethyst farbigen Licht eingehüllt.

Aus heiterem Himmel beginnt Tashi laut zu lachen, die Freude ist übergroß. Er erkennt Amethyst, der ihm auf dem Regenbogen bereits versprochen hat, dass er ihn im Menschenkleid besuchen werde, um ihn an seine Zwillingsstruktur zu erinnern. Tashi lacht wie schon lange nicht mehr, sein lautes, unbändiges, glückliches, befreiendes Lachen wird in die ganze Landschaft hinausgetragen.

Die anderen gucken ihn völlig überrascht an. Es wirkt so unglaublich befreiend, dass dem anderen Wächter leise die Tränen über das Gesicht rollen. Waka steht groß, noch größer und mit seinen breiten Schultern noch stärker da, einer Statue gleich. Nga bereitet sich auf eine magische Begegnung vor.

Die Sternenmutter setzt sich zu Sasha, um sie aufzurichten, während Klara um die Beine von Sashas Wächter schwirrt. Der sensitive Wächter ist hellwach und ausgesprochen neugierig, was er hier erleben wird.

Die Amsel zwitschert nur noch für Tashi. Er ist überglücklich und dieses Glück will sie aus ihm herausströmen sehen. Es ist die letzte große Befreiung alter Ketten, die ihn noch gebunden hielten. Dann ist er frei, im ganzen Universum herumzureisen, gerade wie es ihm Spaß macht. Alle Abhängigkeiten, bekannt und unbekannter Art, werden aufgelöst. Auch seine traumatische Erfahrung aus seiner Sternenfamilie gerissen worden zu sein, immer und immer wieder, wird sich auflösen. Die Rückverbindung in die Gemeinschaft gleicher Wirklichkeiten, seiner Seelenverwandten und Seelenfamilie sind ein unbeschreibliches, nicht in Worte zu fassendes Erlebnis. Die Seele findet nach Hause zurück, von dort, wo sie einst entsprungen ist.

»Amethyst? Bist du wirklich gekommen mich zu besuchen? Ich kann es noch gar nicht fassen. Du hast es mir zwar schon vor langer Zeit versprochen, aber ich habe aufgehört, an Versprechungen zu glauben! Trotzdem, alle seid ihr nun gekommen auf meinen bisherigen Reisen; mein großer starker Bruder Ramosh, mein Vater und sogar meine Schwester Anaisha durfte ich auf meiner Reise mit Malachit und Moldavit begegnen! Nun bist auch du zurückgekehrt!«

Tashi taumelt vor Freude. Er weiß, dass diese Begegnung ein totales Neuwerden vorausschickt. Er wird seine geistige, universelle Intelligenz inkarnieren, ein Auferstehungsprozess, wie es die Schlange im magischen Baum vorgeführt hat. Ein neuer, der absolute essentielle Teil seiner Selbst, sein Meisterselbst, wird sich im alten Körper einnisten und entfalten. Dafür muss er sich nicht noch einmal neu gebären und als Kleinkind geboren werden. Die Totalrenovierung seiner Seele und seines Geistes findet im herkömmlichen Menschenkleid statt!

Der alte bekannte Körper wird schon ausreichen! Mag sein, dass ihn dann einige seiner Freunde nicht mehr kennen wollen oder aus seinem Leben verschwinden. Aber das ist ihm egal. Er erahnt schon einiges, was auf dieser Reise mit Amethyst auf ihn zukommen wird!

Es ist seine Erfüllung! Er dreht sich um die eigene Achse herum, um das starke klare, gleißend violette Licht aufzunehmen. Voller Freude reicht er in seinen Haarschopf, um sicherzugehen, dass Pixie nicht herunterfällt. Tut sie zwar ohnehin nicht, da sie ja schweben kann.

Alle schauen ihm zu, Sasha mit offenem Mund. Tashi sieht das aus seinen Augenwinkeln, aber momentan ist ihm alles egal. Nur die Amsel und der Baum scheinen ganz und gar mit ihm zu sein. Selbst seine herrlichen Wächter staunen über die Kraft, die plötzlich aus Tashi strahlt. Er scheint nicht mehr alleine zu sein, er verschmilzt mit seiner kosmischen Intelligenz, die aktiviert und sehr bald aktiv werden wird.

Das Wesen, das sich Amethyst nennt, strömt von oben mitten in seinen Kopf hinein, wie eine Säule aus violettem Licht durchdringt und erhellt es seinen ganzen Körper.

Die Reise beginnt

Eine undefinierbare und dennoch vertraute Stimme spricht ihn an.

»Tashi, magst du dich noch an die Gold diamantene Lichtsäule auf deiner Regenbogenreise erinnern? Ich bin Metatron, Fürst des Lichts, um dich aus dem Zyklus deines Menschseins herauszunehmen und ganz neu mit deinem eigenen ganzheitlichen Universum zu verschmelzen. Du wirst dabei nicht durch den menschlichen Tod geschleust. Und dennoch wird es ein Sterben deines alten Wesens sein. Ich, Metatron, erhöhe dich in meine Katakomben des Wissens. Zurück in deinen Ursprungsort! Dort wo dich Amethyst und mein Geist geboren und in Form gebracht haben.«

Metatron umhüllt Tashi und er wird selbst zur Lichtsäule. Eben so, wie er das bereits mit Metatron und Freyja erlebt hat auf seiner Reise über den Regenbogen.

»Jetzt brauchen wir deine gespeicherten Codierungen nur noch zu aktivieren. Alles ist geplant und bereit für dein Erwachen in unserem Bewusstsein. Geist kommt nach Hause zu Geist! Das, mein lieber großartiger Junge, ist dein Lichtzuhause. Deine absolute Freiheit, dich auszudrücken, wie auch immer dir beliebt. Du erschaffst zusammen mit uns ein neues Programm deiner Existenz. Keine Machenschaften, versteckte oder unerlöste Codierungen halten dich mehr zurück. Du bist gestorben und wiederauferstanden. Du bist durch das Nadelöhr geschlüpft, klammheimlich und unauffällig, ohne großes Trara, wie es eben deine stille Art ist.«

Tashi ist überwältigt und jetzt wird ihm auch sehr klar, nach was er sich immer und immer wieder gesehnt hat. Genau nach diesem Wiedersehen, nach seinem geistigen Zuhause, das schon immer in ihm gewohnt hat. In vielen Leben hat er unaufhörlich versucht, diese Sehnsucht mit möglichen und unmöglichen Dingen zu befriedigen oder zu überdecken. Nichts aber hat den Durst und die Sehnsucht in ihm gestillt wie gerade dieser Augenblick. Das Wiedersehen und Erkennen des eigenen Selbst, des eigenen Ursprungs, der eigenen Wirklichkeit.

Lange steht er, beinahe ohne zu atmen, ganz aufrecht und lässt seine Aufmerksamkeit in sich selbst hineinforschen.

Zu Metatron gesellt sich jetzt das Wesen des Amethystes. Wie soll man diese absolute Vollkommenheit und Schönheit beschreiben? So vieles bleibt dem menschlichen Auge verborgen, weil es nicht fähig ist, sich dieser Macht des Edlen, diesen unirdischen Schönheiten zu öffnen. Wenn man sich ganz plötzlich im »Paradies« befindet ohne gestorben zu sein!

Waka kommt auf Metatron und Amethyst zu. Er zeigt sich etwas gespannt, unüblich für Waka, den großen friedvollen Krieger.

Erst schaut er auf Pixie, die ebenfalls hell leuchtet; dann fragt er die beiden Meister:

»Werden wir jetzt den Dienst mit Tashi beenden? Ist unsere Aufgabe erledigt?«

Wehmut und leichter Unglaube schwingen in Wakas Stimme mit.

Amethyst antwortet und beruhigt ihn.

»Auf keinen Fall Waka, ihr seid auserkoren, mit Tashi weiterzureisen. Wie soll er auf deine große Kraft und Weisheit verzichten? Nga wird auf dieser Reise neu ausgerichtet werden, damit ihr als Team zusammenbleiben könnt. Ihr seid doch Teil seiner Familie, nach der er sich so sehnt oder gesehnt hat. Euer Verhältnis wird sich noch vertiefen. Waka, du schöner großer Krieger, du wirst an Tashis Seite bleiben. Eines Tages, wenn du möchtest, wenn seine Menschenreise zu Ende ist, wirst du mit ihm zusammenschmelzen oder aber deinen Dienst wiederum mit einer anderen Meisterseele aufnehmen. Ganz wie dir beliebt. Es ist deine Entscheidung. Du bist für Meisterseelen ausgesucht worden. Ein ehrenwerter Dienst! Und wie du mit Tashi erlebst, auch nicht immer ganz einfach!«

Amethyst berührt nun Waka, der sich gerne in diesem herrlichsten gleißenden Licht baden lässt. Er atmet tief aus, er will Tashi auf keinen Fall verlassen. Er liebt seinen Jungen, dieses sanfte Wesen, über alles und wird ihm dies noch besser zeigen. Das verspricht er sich selber!

Erfreut schlendert er zurück zu Nga, um ihr diese wunderbare Neuigkeit zu erzählen. Sie hat es aber bereits durch seine Gesten und seine Gefühle aufgenommen.

Der Baum neigt sich nun Sasha und ihren Wächtern entgegen.

»Sasha und ihr beiden Wächter, möchtet ihr auch etwas Schönes erleben, ganz für euch? Falls ihr das möchtet, könntet ihr euch auf einem neuen gegenseitigen Verständnis neu zusammenfinden.«

Sasha ist aufgestanden und berührt ein paar herunterhängende kleine Äste des freundlichen Riesen.

»Wir werden wohl nicht mit Tashi reisen können, oder?«

»Nein Sasha, das, was Tashi erleben wird, ist viel zu stark für euch drei. Es wäre dir auch nicht dienlich, weil du es nicht verwerten könntest in deinem momentanen Leben. Aber ich habe etwas für euch, das in ähnlichen Farbschattierungen stattfindet und dich sehr glücklich machen würde. Dein sensitiver Wächter ist schon ganz neugierig und lernfreudig. Was meint ihr drei?«

»Werden die Sternenmutter und Klara wieder hier sein, wenn wir zurückkommen? Werden wir hier am selben Ort ankommen? Oder gehen wir überhaupt irgendwohin?«

Jetzt muss der Baum lachen und die Amsel und ihre Familie zwitschern ganz aufgeregt.

»Das sind ja ganz praktische Frage Sasha, ja alles, wie es jetzt ist! Der Ausgangspunkt sowie die Ankunft bleiben immer am selben Ort, bei mir dem Weltenbaum und der großen Ahnenbank. Hier kanalisiert und verankert sich alles Gelernte und Erlebte. Und ja, nicht nur die Sternenmutter und Klara werden hier sein, auch Tashi. Zusammen werdet ihr dieses geheime magische Dimensionentor wieder verlassen! Beruhigt dich das?«

Der Baum wedelt ihr noch mehr Äste ins Gesicht, spielt mit ihrer herrlichen Kastanienfarbigen Lockenpracht, rauscht mit den Blättern, um sie aufzuheitern und ihr Energiefeld zu reinigen.

(Der große Weltenbaum berührt und stärkt auch Sie liebe Leserin, lieber Leser, damit Sie guten Mutes und neugierig wie Tashi und Sasha mit ins neue Abenteuer reisen können. Möglicherweise können Sie sogar die Geheimnisse, die er ihnen ins geistige Ohr raschelt, verstehen? Mit ein wenig Geduld und Hingabe werden Sie es bestimmt bald entziffern können!)

Die Amselkinder zwitschern fröhlich und fliegen um Sasha herum, der Amsel Vater hat sich den »anderen«, sehr ruhigen, etwas melancholischen Wächter ins Visier genommen. Die Amselmutter singt allein für Tashi. Ihr Lied gehört ganz nur ihm.

Nun spaziert auch die Sternenmutter Richtung Sasha und den Baum. Sie und der Weltenbaum lächeln sich an, sie sind alte Verbündete und kennen sich schon lange. Der Baum schmunzelt und schenkt der schönen Sternenmutter ein Streicheln mit seinen zarten Ästchen. Sie nimmt das freudig entgegen und spielt mit den Blättern. Der Baum lacht, es kitzelt, wenn sie mit seinen Blättern spielt! Der Baum flirtet mit ihr, sie zwinkert ihm zu und fragt den Meisterbaum, wie sie Sasha helfen könne. Sasha nimmt die Hand der schönen Frau und schmiegt sich vertrauensvoll an sie. Sasha bewundert die schöne elegante Weise Sternenmutter.

»Am besten ihr geht zurück zur Ahnenbank, setzt euch gemütlich hin und dann werden wir Sashas Wahrnehmung öffnen. Ihre Wächter werden harmonisiert und Sasha gereinigt, damit sie alle drei eine erfrischte und gereinigte Symbiose miteinander eingehen können.«

Gesagt, getan. So wandern sie wieder zur Ahnenbank zurück, die sie geduldig aufnimmt.

»Nun kuschle dich gemütlich ein Sasha. Bist du bereit, dich auf ein fröhliches Experiment einzulassen? Möchtest du mehr über unsere Dimensionen erfahren?«

Sasha schaut treuherzig erst ihre Wächter, dann die Sternenmutter an.

»Ja, ich denke schon. Es fühlt sich so schön und gut an hier. Kann ich das Experiment auch jederzeit abbrechen, wenn ich Angst bekomme?«

»Aber ja auf jeden Fall, alles ist deine freie Entscheidung!«

Die Sternenmutter umarmt ihren neuen Schützling und lässt ihr Zeit, sich zu entscheiden.

Der sensitive Wächter wird unruhig und schubst Sasha an. Er ist ungeduldig und möchte, dass das Erlebnis beginnt. Er flüstert ihr zu und dennoch für alle gut zu hören:

»Sasha, lass uns überraschen, es fühlt sich alles richtig an hier. Schau mal, Tashi, dein Freund, er ist das beste Beispiel, dass wir uns auf ihn und seine Führung verlassen können. Ich wäre sehr gerne voll mit dabei. Es wird uns allen guttun! Umsonst wolltest du doch nicht hierherkommen? Nun bist du in Tashis Welt, lass dich darauf ein. Ich habe vollstes Vertrauen in die Führung.«

Der Wächter spricht aus, was sich tief in Sasha auch stimmig anfühlt. Er nimmt ihr die letzten Zweifel und freudig bejaht sie jetzt die noch offene Frage.

Die Wächter freuen sich sehr darüber und setzen sich zu Sasha. Sie schaut entspannt in die Landschaft vor ihr, nimmt alles, was sie sieht, mit ihren Sinnen auf. Sie will lernen, wie Tashi es ihr oft versucht hat zu erklären, den Herzschlag der Natur zu fühlen, sich mit ihr zu verbinden. Die Augen zu schließen, sich hinzugeben und die neue Umgebung aufzunehmen. Das versucht sie jetzt umzusetzen.

Als sie nach geraumer Weile die Augen wieder öffnet, sieht sie in der Distanz die kleinen Hügel, auf jedem Hügel steht ein Baum, sie sind ein typisches Wahrzeichen dieser herrlichen Gegend. Dies erinnert sie an ihre eigenen Wächter, sie ist zwar ein Menschenkind und kein Hügel, dennoch hat alles seine eigenen Beschützer, selbst Landschaften, die von ihren Naturdevas überwacht werden. Sie lächelt, und jetzt ist sie bereit, sich ganz und gar dem Geschehen hinzugeben.

Naturdevas = Hüter und Wächter der Naturreiche

Die Sternenmutter berührt sanft Sashas drittes Auge. Ein leuchtendes, Lavendel farbiges Licht breitet sich vor ihrer inneren Wahrnehmung aus. Zuerst erschrickt sie über diese Öffnung, unvorbereitet Dinge zu sehen. Dann hält sie die Hand der Sternenmutter fest, um sich zu versichern, dass alles gut ist. Ihre Wächter beginnen, sich ganz in diesem schönen Licht auszudehnen, was sich wiederum direkt auf Sasha auswirkt.

Sie nimmt einen bezaubernden intensiven Duft wahr. Dieser Duft erinnert sie an ihre Oma, die immer Lavendel Säckchen in den Kleiderschränken hielt, um die Wäsche frisch- und die Motten fernzuhalten. Sie mag sich sehr an dieses Dufterlebnis erinnern. Automatisch atmet sie diesen Geruch tief ein, denkt an ihre liebe Oma, die schon längst gestorben ist, und öffnet die Augen. Vor ihr breitet sich ein großes Lavendel Feld aus. Reihe um Reihe hell- bis dunkelviolette Sträucher, soweit das Auge sehen kann. Manchmal steht ein Baum schützend im großen Feld und wirft seinen angenehmen Schatten. Auch Sonnenblumen kann man sehen. Sie wenden sich immer dem Licht entgegen, sie sind den ganzen Tag unterwegs! Eben, weil sie dem Licht folgen! Sasha blinzelt zweimal, um sicherzugehen, dass sie den herrlichen Anblick nicht nur mit den inneren Augen wahrnimmt. Aber ja, dieses wunderbar duftende Lavendelfeld breitet sich tatsächlich vor ihren Augen aus. Erstaunt blickt sie auf die Sternenmutter. Am liebsten würde sie gleich losrennen und sich von diesem intensiven heilenden Duft verführen lassen. Aber ihre Wächter und die Sternenmutter halten sie auf. Eines nach dem anderen! Schön geduldig.

In ihrer Wahrnehmung sieht sie gerade noch Tashi und Klara, die etwas abseits des Lavendelfeldes ganz offensichtlich auf etwas warten. Sie möchte aber ganz bei sich selbst bleiben und schließt wieder die Augen, lässt sich überrollen und ganz einnehmen von dieser Schönheit.

Lavendel

Die Lavendelpflanze beginnt mit Sasha zu sprechen und säuselt ihren süßen Duft direkt in ihre Nase. Sasha lächelt, ist entzückt über diesen Frieden, der sie umgibt, und atmet den erfrischenden Duft tief ein wie ein Parfüm.

»Sasha, das ist schön, dass du den Mut hattest mit Tashi in unser Reich zu kommen. Du wirst Dinge erleben hier, die für die Menschen schwer nachvollziehbar sind. Dieser Besuch und weitere Besuche bei uns werden dich langsam verändern. Möchtest du das wirklich?«

Bevor Sasha antworten kann, spricht Lavendel sofort weiter.

»Ich sehe auch einige angestaute Dinge in deinem feinstofflichen Energiefeld, die ich dir ausgleichen möchte. Die Menschen nennen das die Aura. Verstehst du, worüber ich spreche, und möchtest du, dass wir dir helfen?«

Ernst und ganz klar hat Lavendel gesprochen und wartet jetzt auf Sashas Antwort. Lavendel, die aromatische Pflanze, dessen Name aus sehr alten Zeiten stammt und eigentlich vom Wort Lavare kommt, was so viel bedeutet wie Waschen, weiß um ihre Kraft, die bereits in den ältesten Kulturen genutzt wurde. Sie lächelt Sasha an, obwohl sie es nicht sehen kann, da diese die Augen geschlossen hält und sich konzentriert. Aber Sasha kann es irgendwie fühlen, die Freundlichkeit und sogar die leichte Fürsorge von Lavendel. Die Interaktionen und der Austausch hier finden auf viel verfeinerten Kommunikationsebenen statt.

Es ist alles etwas neu für sie, sie ist so froh und dankbar, dass Tashi sie so gut wie möglich auf diese Begegnung vorbereitet hat.

Sashas Sinne öffnen sich, sie wird ruhig und entspannt.

»Ja, Lavendel, gerne nehme ich deine Dienste an. Was kann ich tun, um mich nützlich zu machen?«

»Oh, Kindchen, du bist es gewohnt zu helfen, nicht? Wir wissen, dass deine Mutter krank ist und du sie so gut wie möglich unterstützt. Und gerade um dieses Thema geht es heute bei dir. Ich freu mich sehr, dir zu helfen, du brauchst gar nichts dazutun, einfach nur zu genießen. Wenn es dir recht ist, mache ich dich auch noch mit einem Edelstein, einem Quarzwesen, vertraut, das wird dir unglaublich helfen, dich neu auszurichten. Ja?«

»Was bedeutet *auszurichten*?«

Die Sternenmutter schaut intensiv auf das Mädchen, sie ist klug und möchte alles wissen. Ein reger Geist bewegt sich in ihr. Sie drückt Sasha leicht an sich als Zeichen der Unterstützung.

Die weise alte Lavendel Seele überlegt, wie sie das in einfachen Worten am schnellsten erklären kann. Während sie ihre Worte zurechtlegt, erscheint ein helllila-leuchtender Lavendelquarz inmitten des weiten Lavendelfeldes. Lavendelquarz leuchtet so stark, dass sogar Sasha das spürt und sie die Augen erneut öffnet.

Im selben Augenblick erscheint ein seltsames ihr unbekanntes Gefährt am Himmel, dort wo Tashi mit Nga, Waka und Klara wartet. Das Gefährt wird immer größer und schwebt über dem Teich, in dem sie eben noch ihre Füße gebadet haben. Sasha ist jetzt doch etwas unsicher und rückt näher in die wunderbare hilfreiche Ahnenbank. Ihre Wächter umgeben sie, um sie wissen zu lassen, dass sie für sie da sind. Schüchtern kuschelt sich Sasha noch näher an die Sternenmutter, die bei der Ankunft von Lavendelquarz und dem Gefährt freudig lächelt. Die Amsel singt laut und ergiebig, stärker als sonst, falls das überhaupt möglich ist.

Lavendelquarz

Der Edelstein, genannt Lavendelquarz, wird von der Lavendelpflanze herzlich begrüßt.

»Danke für dein Kommen Quarz, wie schön dich hier begrüßen zu können. Ich freu mich sehr, wieder einmal mit dir zusammenzuarbeiten. Lass uns doch ein kleines Wunder vollbringen für Sasha, nicht? Sie ist ein aufgewecktes Mädchen und hat viele Fragen. Gerade will sie mehr wissen über die feinstofflichen Körper, die alles umgeben. Kaum bist du angekommen, erwartet dich bereits Arbeit! Magst du ihre Frage beantworten und die Energiefelder noch näher erklären?«

»Deshalb bin ich doch hier! Hallo Lavendel, wie herrlich du duftest!«

Lavendelquarz zieht das überaus frische Aroma ein, wie Sasha es gerade getan hat. Sasha hat die Stimmen der beiden wahrgenommen und ist verblüfft. Wie ist es möglich, dass sie die Sprache der Steine und Pflanzen hört? Sie ist jetzt hellwach. Ihre Sinne schärfen sich und die Wahrnehmung dehnt sich in die angrenzenden, unsichtbaren Energiefelder aus.

Gerade in diesem Moment öffnet sich das seltsame Gefährt über dem Teich, verfärbt sich in ein kräftiges dunkles Violett. Aus dem Gefährt scheint eine Lichtsäule direkt auf Tashi und seine Wächter zu. Die Lichtsäule saugt die drei, inklusive Pixie, wie ein Vakuum direkt nach oben in die Leuchtkraft des schwebenden Gefährts. Es macht einen sehr leisen, surrenden Ton und löst sich einfach auf! Es ist nicht davongeflogen, es ist nicht gelandet und auch sonst nicht mehr zu sehen. Das Gefährt, die Wächter und Tashi sind einfach weggebeamt worden!

Sasha juckt auf vor lauter Schreck, sie ist jetzt doch nervös und beunruhigt.

Alles geht ihr viel zu schnell, ihre Sensoren sind komplett überfordert.

Die Sternenmutter lacht auf und Klara, die auf dem Boden bleiben musste, gackert etwas von: »He, ich wollte auch mit, muss ich schon wieder hierbleiben? Hmmm… ungerecht … tjajaja …!« und watschelt zurück zur Ahnenbank.

Die Sternenmutter schmunzelt, weil Klara höchst selten schmollt und kaum jemals trotzig reagiert. Sie nimmt sie vom Boden auf, setzt sie zu Sasha hin, die sich etwas verloren zurück auf die versteinerte Holzbank platziert hat.

»Klara, ich glaube, es hat seinen Grund, dass du bei uns bleiben sollst. Tashi hat dich nicht verlassen, er wird dir nach seiner Rückkehr alles erzählen. Sei nicht traurig!«

Die Sternenmutter hat plötzlich zu tun, sie kümmert sich um die erschreckte Sasha, streichelt gleichzeitig Klara und tröstet die beiden.

Erst jetzt sieht Klara das großartige überaus intensiv duftende Lavendelfeld und die schöne Gestalt des Lavendelquarzes. Sie ist schnell getröstet, weil sie nicht alleine ist und fürs Bodenpersonal auch ganz schön was los ist. Sie lächelt die Sternenmutter an, jetzt ist alles wieder gut. Klara mag es gerne, wenn das Universum und die Sternenfamilie auf Besuch sind und sonst alles etwas turbulent her- und zugeht.

Die Sternenmutter spürt Klaras Ungeduld, sie will sofort auf Lavendelquarz zulaufen. Sie stupst Klara von der großen Bank und sie hüpft freudig, ihre langen Federn hinter sich herziehend, in die erhöhten Energiewellen der beiden lavendel farbigen Wesen hinein. Klara hat mit ihrer Verspieltheit und Fröhlichkeit Sasha und ihren Wächtern aus der ersten Unsicherheit und Starre herausgeholfen.

Sasha und ihre Wächter haben Klaras Abenteuerlust und völlige Vertrautheit gegenüber diesen so ganz anderen Wirklichkeiten beobachtet, ohne zu stören oder sich einzumischen. Alle drei sind jetzt bereit, aufzunehmen, was die beiden wunderschönen lila Wesen, Lavendel und Lavendelquarz, ihnen zu lehren haben.

Lavendelquarz wendet sich freundlich Sasha und ihren Wächtern zu.

»Sasha, Mädchen, ich bin Lavendelquarz. Ein sehr altes Steinwesen, das dermaleinst auf die Erde gebracht wurde. Wir Steinwesen sind sozusagen die Ur-Ur-Ur-Ur-egal wie viele Ur-Ahnen der Menschen. Wir sind Teil eurer Familie. Immerhin habt ihr ebenso diesen Planeten bevölkert wie viele andere Wesen auch! Unsere jeweilige Intelligenz und unser Wissen stehen den Menschen seit jeher zur Verfügung. Ich spreche hiermit für alle Steinwesen, die sich auf Erden niedergelassen und entwickelt haben. Sei dies zu Heilzwecken, zur Hilfe und Orientierung, als Tausch- und Bezahlungs-Mittel, als Schutz oder einfach zur Dekoration. Wir sind intelligente Wesen, kommunizieren durch unsere Schwingungen. Ein Teil unserer chemischen Zusammensetzung steht in Resonanz mit eurer DNS. Wir, also wir Edelsteinwesen sowie die Menschen kommen aus fernen Sternensystemen. Unser Original, unsere Herkunft ist das Universum! Kannst du mir bis hierhin folgen Sasha?«

Sasha ist ganz Ohr und nickt kurz. Sie hat sich aufrecht hingesetzt und ist voll konzentriert. Fragen will sie später stellen. Also spricht Lavendelquarz weiter, während das helle, lilafarbene Licht eine neue Schattierung annimmt.

»Sie nennen mich Quarz, weil ich mich mit der Familie der Quarze vermischt habe. Vor allem habe ich mich mit Rosenquarz und Amethyst vermischt. Eine erweiterte Symbiose unserer gemeinsamen Energien. Rosenquarz hast du sicher bereits bei Tashi kennengelernt, nicht? Du weißt schon, dass wir über Millionen von Jahren gewachsen und gereift sind? Absolut jedes Kristallwesen trägt die Urinformation seiner Herkunft in sich und verteilt diese Informationen, diese Heil – und Schöpferkraft in sämtliche Kristallvorkommen, wo auch immer sich diese befinden. Sei dies auf eurer wunderschönen Erde, in anderen Dimensionen oder selbst in eurem Menschenwesen. Denn das musst du wissen Sasha, in jedem Menschen warten Kristallinformationen, um aktiviert zu werden. Wir Kristallwesenheiten sind die Erinnerung des Lichtes und der Harmonie aus dem Ursprungswissen. Wenn du dich mit mir verbindest, kann ich dir helfen, du erfährst meine Kraft und ich erlebe und entfalte mich in meiner Wirkkraft und Schönheit durch dich.«

Lavendelquarz schweigt und beobachtet Sasha, ob dies nicht doch zu viel Information ist für das Mädchen, das doch eben erst in eine neue Wirklichkeit getreten ist. Sasha versucht zu verarbeiten, was dieses leuchtende Kristallwesen ihr erzählt hat, und starrt das Wesen lange an. Dann meint Lavendelquarz fürsorglich:

»Wir wollen dich beim ersten Mal nicht überfordern. Deshalb fasse ich es eher kurz mit meiner Erklärung über mich.

Mein Wesen ist hauptsächlich für die inneren, feinstofflichen Körper zuständig. Weißt du, der Mensch ist kein kompaktes Wesen, sondern besteht aus vielen Schichten, Energien, Frequenzfeldern und Informationen, die den Körper umgeben und von diesem aufgenommen werden, aber nicht sichtbar wahrnehmbar sind. Verstehst du das so weit?«

Sasha nickt wieder und die Sternenmutter hält die Hand über ihr drittes Auge, damit sie weitere Informationen aufnehmen kann.

Sie ist froh, dass sie bereits immer wieder mit Tashi über die Anderswelten diskutiert und gesprochen haben, so ist sie besser vorbereitet auf das, was nun auf sie einströmt.

Klara ist mittlerweile im Lavendelfeld angekommen und putzt sich die Federn. Sie genießt das Parfüm, das von den Büschen ausgestrahlt wird. Manchmal gackert sie freudig vor sich hin, so als würde sie mit den zarten hellvioletten kleinen Blumen reden.

»Mit Verlaub Sasha, du hast zu viel kranke Energie deiner Mutter aufgenommen, weil du ihr so gerne helfen möchtest. So ist dein Energiefeld unausgeglichen und macht dich traurig. Dein Emotional-Körper ist aus dem Gleichgewicht sowie dein emotionales Feld, weil du dir Sorgen machst. Wenn du uns erlaubst, deine Schwingungen, die deinen Körper nähren, zu reinigen, dann wirst du wieder Freude empfinden können. Du wirst dich wieder besser spüren und auch deinem Vater eine Hilfe sein. Auch er macht sich Sorgen um deine Mutter!«

Erstaunt antwortet sie.

»Und das könnt ihr alles sehen? Oder hat Tashi euch davon erzählt?«

»Nein, Tashi weiß nichts Genaues, du hast ihm ja noch nicht allzu viel von der Krankheit deiner Mutter erzählt, oder? Man kann alles im Energiefeld lesen Sasha, nichts ist verborgen. Verschiedene unsichtbare Energiefelder verbinden sich miteinander und leiten ihre Informationen ineinander. Hast du jemals deine Gedanken gesehen? Und dennoch beeinflussen sie dich und dirigieren dein Verhalten. Oder Gefühle, man kann sie nicht sehen, nur deren Auswirkungen wahrnehmen. Jetzt, wo dein drittes Auge leicht geöffnet ist durch die Hilfe der Sternenmutter, nimmst du einiges dieser feinstofflichen Informationen wahr. Wenn wir dich leicht ausgleichen dürfen, nennen wir das neu ausrichten. Das ist es, was dir Lavendel erklären wollte. Möchtest du momentan noch mehr wissen?«

Die beiden Quarz- und Blumenwesen leuchten in ihrem herrlichsten Lila, das Lavendel Parfüm schwängert die Umgebung und verteilt Frieden und Gelassenheit.

»Meine Mutter mag Lavendel nicht besonders, aber mein Vater und ich schon.« Sashas Stimme scheint etwas traurig und leise.

»Gerne möchte ich ausgerichtet oder aufgerichtet werden. Was geschieht dann mit mir?«

»Möglicherweise wirst du etwas müde und möchtest danach ein Nickerchen machen oder du hast Lust zu weinen, weil blockierte, nicht fließende Energieströme umgeleitet und wie ein Kanal gereinigt werden.«

Sasha vertraut der liebevollen Art der beiden, vor allem des Lavendel-Quarzes, von dem sie sich bereits angetan fühlt. Sie nickt leicht als Antwort.

Die Lavendelblüte beginnt leise ein Singsang, eine undefinierbare und sehr leichte Melodie zu singen. Das große weite Feld stimmt in diesen Singsang ein und die Luft beginnt sanft zu vibrieren. Sasha kann die Töne sehen!

»Oh mein Gott! Meine Wächter, könnt ihr das auch sehen?«

Der »andere« Wächter ist scheu, leicht gekrümmt und möchte weinen. Der sensitive Wächter würde am liebsten zu den Tönen tanzen. Er bewegt sich im Rhythmus und singt in seinem Inneren die Töne nach. Er ist unglaublich glücklich. Er erschrickt darüber. Diese Gefühle, glücklich zu sein, waren schon lange nicht mehr offenbar!

Leise flüstert der »andere« Wächter zu Sasha:

»Dürfte ich auch einen Namen haben? Würdest du etwas Passendes für mich finden? Ich möchte nicht mehr nur der ›andere‹ Wächter sein.«

Sasha war sich weder ihrer Wächter noch Namen, die sie haben sollten, bewusst, bevor sie an diesen magischen Ort kommen durfte. Sie schaut ihren Wächter an und nickt. Sie berührt ihn am Arm, eine zärtliche Geste, welche beiderseits starke Gefühle auslöst.

Der Gesang des Feldes wird intensiver, genau wie der Lavendel Duft, der langsam beginnt, seine antiseptische, reinigende und antidepressive Wirkung zu entfalten. Jetzt weint der »andere« Wächter. Das hat man noch nicht gesehen!

Klara wird aufmerksam, löst sich aus dem herrlichen Lavendel Feld und kehrt zur Ahnenbank zurück, um den »anderen« Wächter zu trösten. Der nimmt das dankbar entgegen, ist sich diese emotionale fürsorgliche Nähe nicht gewohnt und umarmt Klara.

Das wiederum hat Auswirkungen auf Sashas Emotionen. Sie schluckt, aber beherrscht sich. Sie ist gewohnt, stark sein zu müssen. Das scheint hier allerdings nicht so ganz zu klappen. Aufgebaute Masken und Traurigkeit haben hier keinen Platz. In diesen traumhaften Schwingungen erhellt sich alles, was nicht zum persönlichen Wesen gehört. Fremdenergien finden keine Resonanz in den höheren Schichten des Bewusstseins.

Die Sternenmutter genießt alles in großer Stille. Sie verbindet, was getrennt ist, sie ist auch eine Mutter und hat auch Kinder! Sie streichelt Sashas Haare ohne Worte.

Die Tränen kullern dem Mädchen die Wangen herunter, sie sagt nichts mehr und kämpft auch nicht mehr dagegen. Sie möchte wieder Sasha, das fröhliche unternehmungslustige unbeschwerte Mädchen, sein, das sie in Wirklichkeit ist. Ein klein wenig von diesen Attributen scheinen im sensitiven Wächter noch aktiv zu sein und wieder stärker zu erwachen.

Lavendelquarz in seiner großen Statur, ziemlich menschenähnlich für ein Quarzwesen, strömt sein starkes Lilalicht über die drei und hüllt sie ein, um sie alle zu verbinden. Sie sollen in neuer Harmonie und neuer Erkenntnis zusammenschmelzen können wie noch nie zuvor.

Lavendelquarz reinigt Sashas psychisches Nervensystem von Verkrampfungen. Es reinigt das blockierte Lymphsystem, das durch die gestauten Ängste und Emotionen nicht mehr fließen konnte. Es löst die feinstofflichen Energielinien, das unsichtbare Lichtnetz im Körper, damit die Kommunikation im Inneren wieder aufrechterhalten werden kann.

Schließlich müssen die Zellen und das Nervensystem miteinander kommunizieren, sonst geht da mal gar nichts. Der Kreislauf kommuniziert auch, indem er durch den ganzen Körper wandert und alles miteinander verbindet und die Organe mit Lebenskraft versorgt. Es ist wie in der Natur, die Flüsse, die mit ihrem frischen Wasser die Landschaft nähren und schlussendlich irgendwann irgendwo in einen See oder in das große Meer zurückfließen. Und irgendwo fließt das segnende Wasser zurück in die Landschaft und speist neues lebendiges Erwachen für die Natur. Der Körper ist ein großartiges phantastisches selbständiges Programm. Sowas merkt man natürlich erst, wenn man krank wird, und lernt es meistens zu spät zu schätzen!

Klara spürt die große Kraft, die durch Sasha und ihre Wächter fließt. Sie setzt sich auf Sashas Schoß, um sie zu beruhigen. Sasha schluchzt immer noch, weil sie die Entspannung fühlt, die sich schon nach kurzer Zeit einsetzt. Sie wird unglaublich müde. Die Erschöpfung und der Stress, die sie so lange aufrecht hielten, lassen sich nicht mehr verleugnen.

Weder Lavendel noch Lavendelquarz erklären ihr Tun, sie arbeiten schweigend und in absoluter Harmonie zusammen.

Klara trocknet ein paar verirrte Tränen des Mädchens mit ihrem wunderschönen weißen Flügel, der momentan stark silbrig leuchtet. Sasha schaut Klara dankbar an, ohne etwas zu erwidern. Es ist offensichtlich, Klara ist einfach die beste und verständnisvollste Freundin, die man sich nur wünschen kann.

Die Wächter kommen sich beide näher, sie werden ausgeglichen, so dass sie sich gegenseitig stärker und exakter ergänzen können. Die drei, Sasha mit ihren Wächtern und Beschützern, erfahren eine neue emotionale Nähe, erkennen sich besser, werden energetisch harmonisiert und verfeinerter aufeinander abgestimmt.

Silk und das S

Die Sternenmutter steht auf, legt Sasha sanft auf die Bank, damit sie ein wenig schlafen kann, währen das lila Licht weiter an den dreien arbeitet. Die beiden Wächter setzen sich auf die Bank, einer zu Sashas Füßen und der andere zur Kopfseite. Zum ersten Mal erscheinen die drei ein harmonisches Bild abzugeben.

Der sensitive Wächter kann nicht aufhören zu grinsen, er ist so dankbar und glücklich, während der »andere« Wächter Sashas Haare berührt und mit ihr weint.

In ihrem Halbschlaf und zwischen den Tränen hört man Sasha leise flüstern.

»Silk soll dein neuer Name sein. Unsere Namen sollen alle mit einem S beginnen.«

Sensitiv, Silk, Sasha. Eine harmonische Dreiheit!

Die Sternenmutter beobachtet Silk, der sich herzlich um Sasha kümmert. Sie wartet, bis er sich etwas gefangen hat. Sie setzt sich erneut auf die Bank und beginnt ein leichtes Gespräch mit dem »anderen« Wächter, der jetzt Silk heißen soll.

»Du weißt schon, was Silk bedeutet? Seide …«

Silk = englisch
Seide = deutsch

»Ja, ich weiß. Weshalb nennt mich Sasha Silk? Was hat es damit auf sich Sternenmutter?«

Die drei unterhalten sich, als wäre Sasha gar nicht anwesend. Leise nuschelt sie im Halbschlaf:

»Ich kann euch immer noch hören! Ich schlafe noch nicht!«

Die Sternenmutter lacht, streicht ihr über die Haare und erklärt weiter:

»Ihr alle drei seid in einer Transformationsphase. Silk – Seide entsteht aus der Seidenraupe, die sich nach ihrem Prozess zu einem weißen Falter, Maulbeerspinner genannt, verwandelt. Die Raupe spinnt ihren Faden innerhalb ihres Kokons, der dann geerntet wird. Ein langwieriger Prozess beginnt, um aus dieser klebrigen Faser einen glänzenden, exklusiven traumhaft leichten Faden herzustellen. Von klebriger Masse zu einem luxuriösen Faden! Sowas nenne ich Transformation!«

»Du warst vielleicht einer der Schmuggler Mönche, der das kostbare Gut aus China nach Byzanz gebracht hat?«

Sensitiv, der genau auf die Worte der Sternenmutter gehört hat, frotzelt über die uralte chinesische Schmuggelgeschichte.

»Bist eben ein Revoluzzer! Deshalb haben wir uns Sasha ausgesucht, weil sie, oder wir alle, einen revolutionären Quantensprung erleben, nicht wahr?!«

»Ach du und deine Sprüche! Sensitiv, ich wusste gar nicht, dass du dich mit Seide auskennst? Und? Wie haben sie die Raupen aus dem Land geschmuggelt?«

»Das waren Spazierstöcke oder Wanderstöcke zweier Mönche, sie haben sie in ihren Wanderstäben versteckt gehalten. War es so Sternenmutter? Dürfen wir dich auch Sternenmutter nennen?«

Sie lächelt ihr strahlendes Lächeln.

»Ja, natürlich dürft ihr mich auch Sternenmutter nennen! Und ja, so erzählt uns die Geschichte. Seide war ein so wertvolles Gut, dass jeder, der nur das Leiseste darüber verriet, sofort zum Tode verurteilt wurde. Ungefähr 3000 Jahre lang war es in den Händen Chinas, bevor die Seide ihren Weg über die Seidenstraße fand. Du siehst Silk, aus einem Grunde wurdest du Silk genannt!«

Sie schmunzelt Silk an und streicht dem Wächter über den Arm.

»Seide ist sehr starkes Material und wird mehrfach versponnen. Das Verzwirnen erinnert an die DNS Stränge! Irgendwie …«

Sensitiv hat seine Kenntnisse zur Schau gestellt, aber dass die Fäden ihn an die DNS erinnern? Die Sternenmutter philosophiert weiter:

»Nicht nur ist der Faden sehr stark. Sein Ursprung ist rein biologisch. Die Raupe ernährt sich nur vom Maulbeerbaum, also den Blättern des Baumes. Das macht ihn rar, wertvoll und kostbar. Das Material glänzt ganz wunderbar und gehört bis in die heutige Zeit zu den luxuriösen Materialien.«

»Hmmm, dann muss ich wohl einige diesen ganz speziellen Charakteren verkörpern? Weshalb hätte Sasha mich denn so genannt?«

»Vielleicht ist es die Sanftheit, die Einfachheit des Lebens der Raupe, die in ihrer Bescheidenheit diesen großen Luxus hervorbringt? Das Leben der Seidenraupe ist relativ kurz, aber von größtem Luxus und höchster Qualität. Möglicherweise wirst du ihr helfen, damit Sasha ihr Leben zu vollster Größe ausschöpfen kann. Ihr werdet jetzt, mit Hilfe des Lavendelquarz und des Pflanzenwesens von Lavendel, energetisch und gefühlsmäßig miteinander vereint. Eure Energiefelder werden zu einem einzigen Feld verschmelzen. Deshalb hat Sensitiv vielleicht die DNS gesehen? Eure Lichtfäden werden zu einem durchgehenden Segment verschmolzen!«

Gespannt hören sie alle der Sternenmutter zu, sie ist eine geborene Erzählerin! Sie schaut auf ihre Zuhörer, bedient sich des Kristallglases, das mit frischem Wasser gefüllt wurde. Die Wächter bestaunen die Regenbogenfarben, die sich auf der Bank und rundherum spiegeln, ausgestrahlt durch das Prisma des Kristallglases.

Die Sternenmutter, träumend den ausgestrahlten Regenbogen betrachtend, erzählt andächtig weiter.

»Das Ineinander-Verschmelzen und Sich-Wiederfinden ist wohl das Thema dieser Reise. Denn auch Lavendelquarz wurde erst mit Quarz vermischt. Lavendel hat seine Frequenz so ausgedehnt, dass er über tausende von Jahren sein eigenes Wesen entwickelte, ursprünglich aufgebaut auf Quarz. Quarz gehört zu den Grundelementen eines Planeten. Unsere universelle Intelligenz fließt in die Schwingungsmuster der Zellen, nicht nur der Erde, sondern auch der Menschen. Diese kristalline Struktur dieses Lebensmusters ist in vielen Lebewesen des Planeten Erde zu finden!«

Lavendelquarz unterbricht und macht sich bemerkbar:
»Hier würde ich gerne noch kurz erwähnen, wie sich die kristalline Struktur in kommenden Zeiten im Menschen verändert. Menschen, die sich jetzt in ein neues Bewusstsein ausdehnen, so wie Tashi und Sasha es tun, entwickeln ihren Lichtkörper. Der Kristallkörper, die Erinnerung an die Quelle erwacht. Die DNS wird umstrukturiert, erneuert und erweitert. Eine verfeinerte Menschenspezies entsteht. Das, was Sasha bis anhin so edel und verfeinert, so vornehm empfunden hat an diesem Ort, ist bereits ein Teil des höheren, neu strukturierten Bewusstseins.«
Lavendelquarz lächelt Sasha freundlich an, obwohl diese leise vor sich hindöst, und berührt leicht ihre herrlichen Haare. Sie hat trotz Dahindösens mit geschlossenen Augen aufmerksam zugehört. Bei Lavendels Berührung hat sie die Augen geöffnet und die wärmende Liebe und Güte, die aus Lavendelquarz strömen, aufgenommen.
»Jetzt haben wir dich vollgequasselt Mädchen, aber du bist eine aufmerksame Zuhörerin. Es macht Spaß, dir Geschichten zu erzählen! Nun ja, das Leben, oder der Sinn dessen, was ihr Menschen Leben nennt, kann besser verstanden werden, wenn die spirituelle Intelligenz eingewoben wird. Nun ist es Zeit euch ein wenig auszuruhen, das Zusammenschmelzen wird euch verändern und dieser Prozess macht wohl etwas müde.«
Sasha schaut beide Wächter an und nickt. Plötzlich ruft Sensitiv:
»Oh! Ich habe noch eine Information. Darf ich das noch einwenden, eigentlich weiß ich nicht, woher ich das weiß, aber es ist so. Seide war so wertvoll, dass sie mit Gold bezahlt wurde! Ich muss wohl ein oder mehrere Leben im Seidenland verbracht haben, sonst könnte ich mich doch gar nicht an solche Dinge erinnern.«
»Ja Sensitiv, du hast recht, ihr beide, du und Silk, wart schon viele Male zusammen in verschiedenen Kulturen. Durch das Erwachen an dem Ursprung von Silk wird auch bei dir, Sensitiv,

vieles wieder aktiviert! Ein großes Geschenk, das ihr durch das Zusammenschmelzen der Energiefelder und dessen Erinnerung mit Sasha teilen werdet. Eure aufwachenden Informationen werden das Beste aus Sasha hervorbringen. Sie wird ihr Wissen, das ihr mit ihr trägt, zur vollen Blüte entfalten. Gerade so wie es die Seidenraupe tut! Und ja, du hast recht Sensitiv, damals wurde 1 kg Seide mit einem Kilo Gold bezahlt!«

Langsam schläft Sasha wieder ein und lässt es geschehen.

»Sternenmutter, dürfen wir dich noch wegen der drei S fragen, die Sasha ebenfalls wichtig erscheinen? Weißt du, weshalb unsere Namen mit einem S beginnen sollen?«

Die Sternenmutter überlegt, was sie über den Buchstaben weiß. Aber weshalb Sasha es so ausgewählt hat, weiß sie nicht. Sie räuspert sich leise, um Sasha nicht aufzuwecken, und erzählt, was sie über den Buchstaben weiß. Klara hält ihren Kopf in Richtung Sternenmutter, das würde sie eben auch interessieren. Sie liebt es, wenn die Sternenmutter Anekdoten erzählt. Zudem erscheint es ihr, wie sie es bereits bei Malachit und Moldavit erahnt hat, dass die Sternenmutter zur Geschichtenerzählerin evolviert. Die Sternenmutter betrachtet die interessierte Klara und lächelt ihr zu.

»Jeder Buchstabe ist ein Laut, ein Ton, also eine Schwingung. Der erste Buchstabe eines Namens ist die prägende Kraft, die ein wenig von der Persönlichkeit freigibt. Das S trägt das Ur-Feuer in sich, die Kraft des Mutes und ist eine aktive Energie. Sieht doch beinahe aus wie eine Schlange und zischt sogar ähnlich. Die Schlange steht für die Transformation, das Erwachen, das jetzt gerade bei euch dreien geschieht. Sehr symbolträchtig wieder mal, nicht wahr? Durch den freien Willen, der uns geschenkt wurde, können wir unsere Schöpferkraft anwenden und das Leben gestalten. Sasha ist neugierig, ehrlich und fröhlich, das alles hängt auch mit dem Buchstaben S zusammen.«

Dann schweigt sie lange, schaut in die Ferne, als würde sie angestrengt über etwas nachdenken oder von dort, dem Irgendwo, Informationen herholen. Immer noch in die Ferne blickend spricht sie weiter:

»Bei den Ursprachen, zu Beginn als die Buchstaben noch Symbolcharakter waren, sah der Buchstabe S anders aus und hatte nicht dieselbe Bedeutung wie in der heutigen Moderne auf eurer Erde. Auch die Entwicklung der Buchstaben und deren Wirkkraft unterstehen dem Gesetz der jeweiligen Wandlung einer Zivilisation! Alles ist ineinander vernetzt, Buchstaben, Zahlen, Farben, Elemente, alles Schwingungen! Der Mensch als Ausdruck des Mikrokosmos, das Universum als Makrokosmos. Denkt doch einmal über die Kraft eines einfachen, gesungenen Mantras ›OM‹ nach. Zwei Buchstaben, die mit richtiger Anwendung unglaubliche Kräfte freisetzen!«

Wieder stoppt sie ihren Erzählfluss und meint dann seltsam andächtig:

»Auf dieser Amethyst Reise scheint alles mit Transformation zu tun zu haben. Wenn du nämlich das S umdrehst, hast du eine Zwei. Planet Erde wird jetzt für tausend Jahre von der Nummer zwei angeführt, 2000 bis 2999. Eine ungeheure transformative Wandlung für die Menschheit und Planet Gaia.«

Die Sternenmutter pausiert und schaut sich um, alle hören ihr gebannt zu und sie muss jetzt wirklich lachen. Sie hat selbst gar nicht bemerkt, wie leicht sie doch erzählen kann. Erstaunt stellt sie fest, dass das Wissen freimütig aus ihr heraussprudelt. Laut meint Klara:

»Siehst du Sternenmutter, wusste ich's doch! Du bist zur Erzählerin avanciert! Sasha ist neugierig, sie will alles genau wissen. Da wird dir die Arbeit mit Erzählen bestimmt nicht so schnell ausgehen!«

Die Sternenmutter berührt Klara, streichelt ihr über den strahlenden Kopf und ist richtig zufrieden.

»Da wir schon von Symbolik reden, da kommt mir die Rune Sowilo in den Sinn. Das Zeichen sieht aus wie ein S und steht für innere Kraft und starken Willen. Steht übrigens auch für die Sonne und wie alles, was mit Sonne und Feuer zu tun hat, natürlich auch für die Lebenskraft. Wenn ich mir den Buchstaben S ansehe, sieht es unter anderem auch aus wie ein Fluss. Also im Flow sein, vor allem nach der Reinigung und Transformation, die mit euch dreien geschieht. Und wenn man das S liegend betrachtet und es schließt, ergibt sich eine Acht! Oder die Lemniskate, die Schlaufe der Unendlichkeit … spannend nicht?«

Sie lächelt vor sich hin, nickt den beiden Wächtern entgegen, die sich herzlich und voller Staunen über dieses Wissen bei ihr bedanken.

»Ach, also das ist ja faszinierend, gerade erinnert mich Sashas Haarfarbe an die Symbolik der Farbe der Rune Sowilo, welche dem rötlichen und goldfarbigen Spektrum zugeordnet wird. Was doch ein einziger Buchstabe auslösen kann! Eine lange interessante philosophische Tirade über das S, den Anfangsbuchstaben eurer Namen, Sasha, Silk und Sensitiv.«

Dann schaut sie auf die beiden Wächter, bevor sie leise einen letzten Gedanke äußert. »Ist schon magisch, wie sich alles immer wieder zusammenfügt, ohne dass es wahrgenommen oder erkannt wird. Vielleicht wäre das Leben gar nicht ein so großes Rätsel, wenn altes vergessenes Ur-Wissen wieder gelebt werden könnte.«

Runen = Geheimnisvolle Symbole und Schriftzeichen der Nordischen – Germanischen Mythologie

Sie seufzt, den letzten Satz hat sie wohl eher für sich selber gesprochen. Abwesend berührt sie Sashas Haare, die so wunderbar zu den symbolischen Farben von Sowilo passen. Das Mädchen schläft nun fest, ihre Wächter, Silk und Sensitiv an ihrer Seite. Die beiden betrachten ihr Bündel Mensch mit neuen Augen. Plötzlich beginnt auch für sie beide ihre eigentliche Aufgabe. Eine große wissende Speicherplatte voller Licht, die ihr Wissen mit ihrem anvertrauten Menschen teilt! Die beiden Wächter schauen sich an und berühren sich in gegenseitigem Verständnis. Silk lächelt zum ersten Mal seit Gedenken, Sensitiv nimmt es erstaunt zur Kenntnis. Silk ist dankbar, dass durch seine Namensgebung die Erinnerung wieder in Schwingung kommt. Erst jetzt werden sie ein gut harmonisierendes Wächterpaar abgeben! Sensitiv freut sich mächtig darüber.

Die Sternenmutter steht auf und Klara folgt ihr. Das herrlich duftende Lavendel Feld ist zu einladend, um einen erquickenden Spaziergang darin zu verpassen. Lavendelquarz verneigt sich ganz leicht vor der Sternenmutter. Man hat Respekt vor ihr, da sie doch in vielen Ebenen und anderen Sternsystemen bekannt ist für ihre großen Heilkräfte! Sie lächelt den schönen Lavendelquarz an, ohne ihn in seiner Arbeit zu stören. Während die beiden durch das Feld wandeln, zaubert der mächtige Baum viel frische Luft um die drei erschöpften Wesen, die auf der Ahnenbank liegen oder sitzen. Weit und breit ist alles in Schwingung und die Klänge des Lavendelfeldes sind immer noch zu hören. Die Amselkinder sind zur Bank geflogen und setzen sich auf die große Lehne, fröhlich singen sie die Melodie des Lavendel Feldes mit.

Die Amsel Mutter hat sich zurückgezogen, da Tashi ja bereits weg ist. Sie wird, wenn sie alle zurück sind, den neuen energetischen Kreislauf mit allem in Harmonie singen.

Amethyst

Nachdem Tashi, Pixie und seine Wächter von der Lichtsäule eingesogen wurden, erscheinen sie an einem ihnen unbekannten Ort.

Verdattert und etwas verloren steht Tashi mit Pixie im Haarschopf und seinen Wächtern in einem seltsam anmutenden Raum. Er schaut sich vorsichtig um und ist erst überrascht von den sauberen Gängen oder Korridoren, die von dieser Plattform ausgehen. Niemand ist zu sehen, aber ein Summen und Surren, eine vielbeschäftigte Aura schwebt in der Luft.

Eine Stimme, die anscheinend aus dem Raum kommt, ruft nach ihm.

»Tashi, komm her!«

Der Commander des Raumschiffes ruft den erstaunten Tashi und seine Wächter zu sich. Die drei stehen am Eingang eines Mutterschiffes, so groß wie mehrere Galaxien zusammen. Vor Verwunderung kann sich Tashi nicht bewegen und bleibt vorerst einfach bei der Eingangstür stehen. Waka und Nga stehen dicht neben ihm. Eingangstür ist wohl etwas untertrieben! Wie man diese Öffnung nennen würde, durch die sie gerade geschleust wurden, weiß Tashi auch nicht. Jemand, oder etwas, eine durchsichtige, beinahe substanzlose Gestalt, aus der viel helles Licht strahlt, holt sie dort ab und in Windeseile sind sie auf der Brücke beim Commander, der Tashi gerufen hat. Wie er dorthin gekommen ist, weiß er nicht, das kann er nicht nachvollziehen. Wie kann man sich innerhalb dieser unübersichtlichen Größe so schnell fortbewegen? Überhaupt hat er sich kaum bewegt, das ging alles von selbst.

Der Commander lacht. Er schaut auf Pixie, die ihn neugierig mit einem leichten Nicken und schiefer Kopflage begrüßt. Dann zwinkert er ihr anerkennend entgegen und wendet sich wieder Tashi und seinen Wächtern zu.

Tashi bestaunt den leicht bläulich schimmernden, schönen und großen Commander. Seine Wesenheit ähnelt einem Menschenwesen, kann aber seine Gestalt nach Belieben oder nach Bedarf verändern und anpassen. Der Commander lässt sich geduldig von Tashi betrachten.

»Ach Tashi, dein erstauntes Gesicht ist einfach herrlich. Habe ich dein Vertrauen gewonnen?«

Tashi nickt, er weiß aber noch nicht recht, wie er sich äußern möchte. Das hier ist wahrhaftig eine neue, ihm noch unbekannte Realität. Aber es fühlt sich angenehm an, selbst die Raumtemperatur scheint außergewöhnlich. Sein Menschenkörper hat sich bereits während des Transports umgestellt und angepasst. Vorläufig wenigstens. Während er in den Raum starrt, wird er, ohne zu fragen, von einer aufbauenden Energie umhüllt.

»Wir bewegen uns durch Teleportation Tashi. Du denkst und schwupps ist man dort! Ich habe mich in dein noch schlafendes Wissen, mit einem Teil deines Potentials, verbunden. Du bist jetzt bereit, diesen Entwicklungsprozess zu durchlaufen. Unsere chemische, körperliche Struktur ist um vieles leichter als die der Menschen und unsere Biologie viele Evolutionen, oder nenne es: Erkenntnisse, voraus.«

Tashi und seine Wächter, Nga und Waka, bleiben auf der Stelle stehen. Tashi verdaut die Worte des Commanders, während er neugierig und mit großen Augen den Raum bewundert.

Der Commander lässt ihn staunen und spricht mit ruhiger angenehmer Stimme weiter.

»Amethyst ist der Anteil in dir, der nun wiedererwacht! Das ist sozusagen deine Nullstunde, in der sich dein Menschsein auf einen neuen Pfad entwickelt. Das hat dir Amethyst auf deiner Regenbogenreise mitgeteilt, dass er dir wieder begegnen wird und du dich bereiterklärst, deine Weiterreise mit ihm zu gehen! So soll es geschehen.«

Tashi schluckt, es ist wieder mal sehr viel auf einmal, dass er lernen soll. Aber offensichtlich ist alles bereits in ihm gespeichert, sodass sein neues Programm nur noch aktiviert werden kann. Er seufzt und schaut sich erst mal richtig um. Er beobachtet seine Wächter, die wiederum ihn beobachten. Sie lachen auf einmal. Das ist schön, dass sie eine so starke Einheit sind. Er kann sich absolut auf seine soliden und zuverlässigen Helfer Nga und Waka verlassen. Sie schauen sich um, die Größe des Schiffes ist nicht in Worte zu fassen; was er hier sieht, würde ihm kein Mensch glauben!

Man lässt ihn so lange gewähren, bis er sich an die Begebenheiten angepasst hat. Tashi beobachtet flinke, leichte Wesen, die sich geschmeidig bewegen und ihrer Arbeit nachgehen. Auch hier, wie so oft, erkennt er beinahe unsichtbare Wellenmuster, die den Raum erfüllen. Er wird in seiner Betrachtung unterbrochen und der Commander erzählt weiter:

»Unser Raumschiff ist wie eine Galaxie, wir sind eine eigene Dimension und wir schweben von einem Ort zum anderen. Gerade wo es unsere geistig wie technisch fortgeschrittene Energie gerade braucht. In meinem Schiff befinden sich unendlich viele Schiffe, die wir an einen jeweils benötigten Ort senden. Gaia, Planet Erde ist ein Tummelplatz, ein Tatort für Experimente geworden, wo finstere Mächte ihr Spiel bis zum bitteren Ende spielen. Da sich Planet Erde in einer gründlichen Umstrukturierung befindet, bewegt sich alles rundherum in diesem Sonnensystem auch mit. Zwangsläufig! Sonst würde euer kleines Sonnensystem zerfallen.«

Der Commander dreht sich Tashi entgegen und stellt sich vor.

»Ich bin Ashtar und für diese Dimension, die du wie ein Raumschiff wahrnimmst, verantwortlich. Schau mal.«

Dabei zeigt er auf einen winzigen Punkt, der gerade mal so klein ist wie ein Stecknadelkopf.

»Das, halte es mal in deinen Fingern, das ist die Größe der Erde im Vergleich zu unserer Dimension! Ganz schön unvorstellbar nicht? Aber so ist das alles, wenn man die menschliche Begrenzung hinter sich lässt. Es eröffnet Wirklichkeiten, die man längst vergessen oder noch nie wahrgenommen hat. Weit, weit hinter dem menschlichen Verstand und dessen Verständnis!«

Tashi, Nga und Waka schauen aus dem Fenster in den dunklen Raum, der sie umgibt, er ist mit vielen Abermillionen Sternen übersät. Es ist nicht wie ein Himmel oder ein Himmelsdach, wie man es auf der Erde wahrnimmt. Man schwebt mitten in diesem unfassbar großen Raum, umgeben von undefinierbarer Dunkelheit, die aber auch nicht schwarz ist. Wie kann der Kapitän sich orientieren, wie weiß er, wo er sich im Universum befindet?

Tashi sieht nur dunkles Violett bis Nachtblau und Anthrazit. Noch immer hält er die »Erde« zwischen seinem Daumen und Mittelfinger. Er muss sich erst auf die Frequenzen hier einschalten, sonst geht das gar nicht! Er hält seinen Planeten, die Erde, wo alle seine Freunde und seine Eltern leben, zwischen zwei Fingern!

Das Verständnis von Wirklichkeit, Realität und irgendwelcher Wahrheit fällt wie ein Kartenhaus zusammen. Weder irgendwelche Logik noch sonst irgendetwas Bekanntes oder Vertrautes, selbst die Phantasie haben hier ihre Wirkung komplett verloren.

Tashi zuckt mit den Schultern, es gibt nichts zu erklären, man muss abwarten. Er vertraut Ashtar, der sich sehr freundlich gezeigt hat.

Für einen kurzen Moment schließt er die Augen, schaut nach innen und beobachtet heimlich sein eigenes Energiefeld, ob er irgendwo in seinem Wesen, in seinem Körper Zweifel oder Angst entdecken kann?

Aber nein, er kann nichts dergleichen erkennen. Es fühlt sich alles neutral an. Er kraust die Stirn und schaut seine Wächter an, die auch nichts zu melden haben.

Erneut schaut sich Tashi in diesem Raum um. Viele verschiedene Decks führen alle zu einem Punkt zusammen. Darin stehen riesige biologisch programmierte Wesenheiten, die sich mit dem Personal des Schiffes verbinden. Irgendwie sind die Gestalten, die er kaum wirklich wahrnimmt, mit diesem seltsamen Wesen verbunden. Sie scheinen aber nicht ferngesteuert. Eher scheinen sie alle als Einheit zu funktionieren. Eine friedliche, sich ergänzende Einheit. Oder, so erscheint es Tashi, dass diese fremdartige

Wesenheit möglicherweise das Supergehirn dieses Schiffes darstellt? Er versucht, nicht darüber nachzudenken, weil das ohnehin nicht fassbar ist.

Die Frequenzen sind so hoch in dieser Gegenwart, dass die freundlichen Wesen, die geschäftig herumschweben, beinahe unscheinbar oder sogar durchsichtig erscheinen. Sie sind luminös und sehr viel größer, nicht mit Menschen zu vergleichen und natürlicherweise viel weiter fortgeschritten. Das Personal, soweit man dieses Wort hier gebrauchen kann, sind keinem Programm unterworfen wie die Supergehirn Wesenheit, sie scheinen harmonisch als ein Ganzes zusammenzuwirken und reagieren auf Gedankenimpulse.

Ein anderer Commander beobachtet Tashi, kommt auf ihn zu, ohne ihn anzusprechen, nimmt seine Hand und führt ihn zu einem bequemen Sessel. Ziemlich ungraziös versinkt er im Sessel und versucht sich an die neue Umgebung anzupassen. Der Sessel ist nicht für Kinder bestimmt, er ist viel zu groß für Tashi. Pixie löst sich zum ersten Mal aus ihrem Lieblingsplatz, Tashis Haarschopf, und schwebt gelassen um den übergroßen Sessel herum, sie will die neue Umgebung auskundschaften.

»Ich glaube nicht, dass ich das ohne Hilfe schaffe!«

Tashi hat das nur leise vor sich hin gemurmelt. Aber augenblicklich kümmert sich erneut jemand um ihn. Er bekommt einen Drink, wie er ihn schon einmal erlebt hat. Dieser Drink hilft ihm, seine Synapsen anzupassen. Er trinkt langsam, Schluck für Schluck. Er kuschelt sich in den bequemen Sessel und wartet auf die Wirkung. Seine Wächter stehen ihm treu zu Seite. Sie haben kaum Anpassungsschwierigkeiten.

»Na Tashi? Du kennst dieses Raumschiff sehr genau! Du hast es nur vergessen. Aber ich habe jemanden hier, der dir hilft, dich wieder zu erinnern und der dich herumführen wird. Ich werde eine Weile bei dir sitzen bleiben, bis du bereit bist.«

Tashi betrachtet Ashtar. Natürlich kennt er ihn gut, hat aber auch das irgendwo in seinem Unterbewusstsein schubladisiert.

»Wie kommt es, dass man euch von der Erde noch nicht entdeckt hat?«

Etwas müde hat er diese Frage gestellt. Er fühlt sich spaced out. Sein Energiefeld hat sich mächtig ausgedehnt.

Ashtar lacht.

»Das wäre nicht gut! Wir schützen unser Schiff durch ein biologisches Feld. Wir wollen nicht gesehen werden! Das ist nicht förderlich für unseren geheimen Auftrag!«

Ashtar hält Tashis Hand, der irgendwie schläfrig ist und dennoch gleichzeitig hellwach. Sein Geist ist wach, die Wahrnehmung erweitert sich und stellt sich auf diese hohen Schwingungen ein. Er befindet sich auf einem ganz neuen Frequenzband. Durch die Hand des Kapitäns, der ihm offensichtlich Energien übermittelt, spürt Tashi große Freude aufkommen und sein Körper erholt sich außergewöhnlich schnell. Nach kurzer Erholung hellt sich sein Gesicht auf und seine Augen haben einen kristallklaren Blick. Erfreut schaut er auf Ashtar.

»Huff, das war wohl etwas zu schnell. Aber ich freue mich sehr auf das erfrischende Abenteuer, ich kann es bereits irgendwie fühlen. Wen hast du denn für mich bestellt, der mir helfen wird?«

Er schüttelt sich im bequemen Sessel und hat jetzt sein Wesen angepasst.

Ashtar schmunzelt, sagt aber nichts. Er tätschelt einfach Tashis Hand.

Eine hochgewachsene Frau bringt ihm ein Geschenk. Auch sie spricht nicht mit ihm. Tashi wundert sich darüber. Ashtar hört seine Gedanken.

»Wir kommunizieren nicht mit Worten! Wir unterhalten uns auf verfeinerten Schwingungsfrequenzen.«

Freudig nimmt Tashi das Geschenk, einen großen Amethyst Edelstein, entgegen und bestaunt das tiefe purpurne und dunkelblauviolette eingefangene Licht. Er entdeckt erst bei genauerem Hinschauen, dass es ja ein Zwillingkristall ist! Zwei Kristalle durchdringen einander, aber jede Spitze ist in seine eigene Richtung, aus demselben Zentrum gewachsen.

Die langen spitzig zugerichteten Facetten sind glattgeschliffen wie eine Spiegel Fläche. Es ist wieder mal ein außergewöhnlich exklusives, besonders schönes Geschenk, ähnlich wie sein geliebter Rosenquarz Stein, den er von Rosaline bekommen hat. Unbewusst berührt er das Malachit Armband, das er auf seiner letzten Reise bekommen hat und immer trägt. Und nun dies, ein großer Siebenender Edelstein? Sieben Enden? Hat er noch nie gesehen!

Ashtar schaut Tashi zu, wie er sich augenblicklich in die Schönheit des Steinwesens verliert. Die tiefe dunkelviolette Farbe erinnert ihn an seine Regenbogenreise, als ihm im violetten Farbstrahl das Amethyst Wesen begegnet ist. Damals hat das Wesen versprochen, wenn er dann einmal im Menschenkleid wohne und nicht mehr weiterleben möchte, würde er ihm wiederbegegnen. Genauso wie es jetzt geschieht!

Er seufzt tief, schaut abwesend auf Ashtar, der ihn direkt anschaut, und murmelt etwas vor sich hin.

»Es ist schon so, dass man nie alleine gelassen wird auf der Erdenreise, nicht wahr?«

Das Amethyst Wesen hat ihm damals auch von Zwilling Energie erzählt und hier bekommt er prompt ein sehr ungewöhnliches Zwillings Edelstein Exemplar geschenkt.

Pixie schwebt um den herrlichen Amethyst Edelstein und bestaunt ihn von allen Seiten. Die beiden, der Stein und Pixie, sind beinahe gleichgroß. Neckisch nimmt sie stillen Kontakt auf mit dem Amethyst. So ähnlich wie sich die Wesen dieses Schiffes unterhalten. Pixie hat das beobachtet und sich schnell auf dieses erweiterte Kommunikationssystem umgestellt.

Tashi erschrickt in seiner tiefen Betrachtung, als direkt vor ihm eine Lichtsäule erscheint. Er hält den Amethyst fest in den Händen und ist kurz geblendet vom gleißenden Lichtstrahl. Das Licht verblasst und wer steht plötzlich vor ihm? Aus dem Lichtkanal gleiten sein Vater und Ramosh, sein Bruder!

Er fällt fast ihn Ohnmacht, die Ereignisse überhäufen sich ja wieder mal.

»Ahhh, das gibt's doch nicht! Oh du meine Güte, das ist ja irre!!«

Er steht auf, lümmelt sich aus dem viel zu großen Sessel, den Amethyst fest mit der einen Hand umklammert, und rennt auf die beiden zu. Sie umarmen sich herzlich, sein toller Vater, der immer für Späße aufgelegt ist und sein großer starker Bruder Ramosh, der mit ihm bereits durch Malachit und Moldavit gereist ist.

Ashtar steht auf und begrüßt die beiden Neuankömmlinge.

»Tashi, das sind deine Begleiter in das Reich des Amethyst Wesens. Ihr werdet zu dritt reisen, da werden sich weitere Tore öffnen, weiteres Verstehen und Erkennen sich offenbaren und ihr werdet um eine Erfahrung reicher sein. Ich denke, meine Überraschung ist gelungen?«

Tashi lacht und bedankt sich herzlich bei Commander Ashtar.

Als gerade niemand hinschaut, begrüßt Ramosh die entzückende Pixie, die sich sofort von seinem Charme und Schönheit einnehmen lässt.

»Na, du Süße? Schön dich wiederzusehen. Dass wir wieder zusammen reisen, finde ich ganz toll! Das versüßt die Reise natürlich sehr, wenn du mit dabei bist!«

Sie freut sich über seine Willkommensgrüße, betrachtet ihn wissend und ordentlich schlitzohrig. Dann flüstert sie ihm ins Ohr:

»Du auch, schöner Tashi Bruder! Lass uns zusammen das Wunder der Magie und deren Sinnlichkeit genießen …«, wobei sie ihn so verführerisch anzwinkert, als wäre sie die verschworene Verführung persönlich.

Ramosh zwinkert ihr zurück, versucht sie zu erhaschen, aber sie ist schneller, sie lässt sich nicht fangen. Neckisch huscht sie immer wieder aufs Neue davon. Die beiden sind ganz in ihrem sinnlichen, von Leichtigkeit geprägten Spiel absorbiert.

»Wir Elfen lassen uns nicht festhalten, schöner Bruder Ramosh! Wir kommen freiwillig oder gar nicht.«

Dabei summt sie eine fließende Melodie und schaut ihn mit ihren großen Augen tief in sein Wesen hinein. Er seufzt.

»Ich weiß, süße Pixie. Ich bin dankbar, dich kennengelernt zu haben. Dich als Freundin zu betrachten. Und zu lernen, nichts besitzen zu wollen! Für mich bist du die Schönste aller Schönen. Aber du bist zu Tashi gekommen, nicht zu mir.«

Da flackert gerade eine kühne freche Frage auf, bevor sie von Ashtar unterbrochen werden.

Er flüstert ihr typisch männlich zu:

»Hättest du vielleicht eine Schwester für mich, du Schöne?«
Sie lacht laut auf. Diese Gesetze gelten gar nicht im Elfen Land.
»Du bist zu viel mit Tashi zusammen, es menschelt ja geradezu bei dir, schöner Ramosh.«

Dann setzt sie sich auf seine starken Schultern, kitzelt ihn leicht an den Ohren, schmiegt sich an ihn und haucht einen lieblichen Elfen Kuss in seinen Nacken. Er schließt die Augen und genießt diesen Augenblick der Intimität und tiefen magischen Elfen Freundschaft.

Dann hören sie beide, wie Ashtar Tashi eine Frage stellt, und werden augenblicklich aus ihrem sinnlichen Moment katapultiert.

Pixie schwebt unauffällig zurück in Tashis Haarschopf.

»Möchtest du mit deinem Bruder und Vater auf einem Lichtkanal reisen? Auf diese Weise haben wir dich hierhergebracht, und so könntest du gleich weiterreisen, wenn du magst. Eure Wächter reisen ebenfalls mit euch.«

Er schaut den unsicheren Tashi an und lächelt. Irgendwie scheint es auch ohne seine Zustimmung bereits beschlossene Sache.

Er weiß nicht so recht, was für Fragen er stellen soll, da er sich im Amethyst Bereich noch zu wenig auskennt.

»Darf ich den wunderschönen Amethyst mitnehmen?«

»Tashi, aber ja, das ist dein ganz persönliches Geschenk des Amethyst Meisters, der dir auf dem Regenbogen begegnet ist, nur für dich bestimmt!«

Er hält den schönen Stein mit beiden Händen fest und zieht ihn ganz an seine Brust.

Tashi, sein Vater und Ramosh haben sich vieles zu erzählen. Er hat seinen Vater seit der Begegnung mit Raphael auf dem Regenbogen nicht mehr gesehen. Das ist wahrhaftig eine sehr freudige Überraschung.

Nach geraumer Weile und gründlicher Wiederherstellung ihrer Freundschaft stellen sie sich alle drei mit ihren Wächtern zur Lichtsäule.

Ashtar freut sich, dass ihm das Geschenk für Tashi gelungen ist. Der Junge braucht seine Seelenfamilie immer wieder um ihn herum, damit er auf seiner Menschenreise weitermachen kann.

Der Commander bugsiert die drei näher zur Lichtsäule.

»Ich werde selbstverständlich telepathisch mit euch in Verbindung bleiben. Unser Raumschiff ist tief mit Amethyst verbunden! Ja, jetzt bist du aber überrascht Tashi, nicht? Dein Vater und in Zukunft auch Ramosh arbeiten mit uns, deshalb werden auch sie in das Reich des Amethystes eingeweiht. Alle drei, du, Ramosch und euer Vater werden einen neuen Abschnitt beginnen. Eine neue Verschmelzung soll stattfinden. Freut euch drauf!«

Der Commander hat freundlich und klar mit ihnen gesprochen. Tashi fühlt sich wie zuhause, obwohl ihm alles noch etwas fremd erscheint, befremdend einerseits, vertraut andererseits. Er versinkt ganz in diesem Gefühl des Fremd-Vertrauten, auch wenn er es noch nicht benennen kann. Eine Erinnerung im Gedächtnisspeicher seiner Seele.

Er überlässt sich dankbar und vertrauensvoll der Führung des Amethyst Departements. Nachdem er sich nochmals herzlich beim Commander bedankt und sich versichert hat, dass sie alle bereit sind, werden sie vom gleißenden Lichtkanal aufgenommen und in Nanogeschwindigkeit direkt in den Dom des Amethyst Wesens transportiert.

Der Dom

Die Transportsäule landet mitten in einem großen Dom, der nur aus überirdisch strahlendem Amethyst besteht. Als sich die Lichtsäule auflöst, kommen die drei Männer nicht mehr aus dem Staunen heraus. Die Wände, die nicht fest geordnet sind und sich dehnen lassen, die überaus faszinierende Krone des Raumes, sogar der Boden, alles aus Amethyst und in unendlichen Abstufungen sämtlicher violett, lila bis hin zu diamantenen Licht- und Farbschattierungen, die man sich nur vorstellen kann. Unzählige Farbschwingungen, die für das menschliche Auge nicht wahrnehmbar sind.

Das Überquellen dieser intensiven Üppigkeit und Schönheit erschlägt beinahe die sterblichen Sinne. Tashi ist froh, dass der Commander ihm den Drink zur Anpassung an dieses machtvolle Departement überreicht hat. Das würde man unter »normalen« Umständen nicht verkraften können.

Pixie hat sich tief in Tashis Haarschopf vergraben und voller Begeisterung bestaunt sie von dort dieses neue Szenario. Sie ist Glanz, Glitter und gebündelte Strahlenkraft gewohnt. Aber das hier ist nochmal eine ganze Nummer intensiver. Sie ist begeistert! Ramosh beobachtet, wie sie sich ganz diesem Zauber hingibt und er schmunzelt verstohlen vor sich hin.

Tashi hält seinen Zwillingstein noch immer in der Hand, mit offenem Mund lässt er sich ganz von dieser traumhaften verschieden leuchtenden Violett-Farbschwingungen verzaubern. Der Dom ist rund, sehr hoch und scheint sich in der Größe immer wieder zu verändern. Der Dom ist ein Nichtraum der höchsten Sphären, kein Ort, aber vielleicht erschaffen durch Bewusstsein?

Es fällt ihm auf, dass es auch hier nirgendwo irgendwelche Ecken gibt. Der Boden des Doms scheint mit einer dünnen Schicht Wasser, oder eher Plasma, bedeckt zu sein. So erscheint es Tashi wenigstens, aber nasse Füße bekommt er dennoch keine.

»Das ist mein Grundelement, das Wasser des Lebens! Mein Reich hat sich über viele tausend Jahre weiter ausgedehnt, um noch viel größere Energiemengen auszusenden. Sowie euer Universum, aus dem ihr kommt, durch gewaltigen Umbruch geht, so habe auch ich, mein Amethyst Reich, einen Reifeprozess erlebt. Ich kläre die Vergangenheit und den Missbrauch, der mit meinem Farbspektrum und meiner Macht verursacht wurde. Seid willkommen in meinem Reich. Wir haben auf euch gewartet!«

Erstaunt blicken die drei Männer sich um und versuchen die Stimme zu finden. Die aber kommt aus dem ganzen Dom, sie ist nicht an jemanden oder etwas gebunden. Die Farbschwingungen sind so stark und so leuchtend, dass sie widerstandslos direkt durch die drei überwältigten Männer hindurch strömen.

Außer dass sie sich um die eigene Achse drehen und sich nicht sattsehen können, haben sie sich noch keinen Schritt bewegt. Alles in dieser Sphäre bewegt sich wellenförmig und ist klar ersichtlich. Seien dies Schwingungen, sanfte Musik, die aus dem Raum, der doch keiner ist, klingt, die Stimme, oder eher die Intelligenz, die eben gerade gesprochen hat.

Nachdem die telepathische Stimme des Amethyst Wesens gesprochen hat, wird es ganz still. Von irgendwoher hört man manchmal Wasser tropfen, das sich wie ein Echo in einer großen Höhle anhört.

Die drei sind sich nicht sicher, was sie tun sollen.

Sie schauen sich an, öffnen ihre Arme weit auf, um diese überirdische immense Schönheit ganz in sich aufzunehmen. So stehen sie da, klein im gigantischen mystischen Kraftzentrum des violetten Lichtstrahles, der sich immer wieder in neuen, changierenden Farbschattierungen zeigt. Pixie hat sich in Tashis Haarschopf auf den Rücken gelegt und lässt sich in dieser Herrlichkeit baden und bestrahlen. Ihre wunderbaren Augen glänzen und das diamantene Licht strahlt direkt durch sie hindurch. Diese Kraft, die durch sie hindurchfließt, verbindet sich unmittelbar mit Tashi.

»Tashi, zeige mir dein Geschenk.«

Wieder hat die Stimme gesprochen, ohne dass ein Wesen zu sehen wäre. Tashi folgt der Aufforderung und hält seinen auffallenden Amethyst mit beiden Händen in die Luft, da er ja nicht weiß, wohin er ihn zeigen soll.

»Hast du gesehen, dass in deinem Stein ein eingeschlossener Regenbogen zu sehen ist?«

Tashi nimmt den Stein näher zu sich und zu dritt suchen und finden sie fast gleichzeitig den Regenbogen. Sein Geschenk wird immer magischer.

»Sowie der Regenbogen alle Farben aufweist, so wirke ich mit meiner neu ausgerichteten Kraft, zusammen mit den neuen Farbstrahlen und deren Schwingungen, die sich zur gegenwärtigen Zeit in eurem Universum verankern und ausdehnen. Die fünf neuen kosmischen Wissens- und Farbstrahlen, die zu den sieben bereits bestehenden Strahlen, sprich Informationszentren, dazukommen, werden von unserem Departement verwaltet!

Die fünf neuen Strahlen, die wir durch unsere Kraft aktivieren, kommen aus der Einheitsschwingung. Sie sind nicht dem Muster der Polarität unterworfen und bringen so heilendes Zusammenfügen, was vor Millionen von linearen Jahren getrennt wurde. Die Menschen nennen die Informationszentren auch Chakren. Nun werden diese Chakren um fünf neue Wissensspektren erweitert.«

Die drei Männer hören der Stimme zu, während sie die herrlichen Farben, die sich wellenmäßig bewegen, beobachten. Im ganzen Raum ist es seltsam still, so als wäre die Stille selbst eine Entität. Die Stimme scheint diese Stille zu ergänzen und nicht zu stören, wie das zu erwarten wäre.

»Die Menschheit erlebt einen gewaltigen, aufrüttelnden Bewusstseinswandel. Die Menschen müssen sich nun ansehen und anhören, was die dunklen Machenschaften sich mit ihnen erlauben, wie sie die Menschheit gefoltert und manipuliert haben.

Das Aufwachen aus dem Schablonendenken wird die Menschheit mächtig durchrütteln. Sie werden es erst gar nicht wahrhaben wollen, dass sie dermaßen, so unbeschreiblich in die Irre geführt wurden oder sich in die Irre haben führen lassen. Die Täuschung und Verwirrungen der Menschheit sind enorm! Große Ängste werden sich im Äther freisetzen. Die dunklen Mächte treiben ihr Unwesen.«

Die drei staunenden Männer versuchen erneut die Stimme, die zu ihnen spricht, zu eruieren, aber es gelingt ihnen nicht. Der ganze Raum ist ein harmonisches Sich-Bewegen von Stimme, Schwingung und Farbe. Die Stimme, die durch den Raum hallt, scheint sie zu beobachten und schweigt für einen kurzen Moment. Aber dann geht's gleich weiter.

»Durch diesen gewaltigen Aufruhr kann sich aber auch ganz Neues etablieren! Wir, als Lichtwesen, kehren zurück auf den zerschundenen Planeten.

Auch du Tashi wirst in dein Einheitsmuster zurückgeführt. Dein Wesen gebärt sich zurück in seinen geistigen Ursprung, aus dem es sich entzweit hat. Der Energiestrom des männlichen Prinzips, das in dir wohnt, das in allen Wesen wohnt, erneuert sich und du wirst stark werden, wie du es dir immer gewünscht hast. So stark wie dein Bruder Ramosh. Durch meinen Schutz werden sich deine bereits ausgeprägten geistigen Kräfte vervielfachen. Deshalb werde ich dich erneuern und mich, meine Wesenheit, in deinem Körper verankern. Die Qualitäten meines Wesens werden dein Menschenkörper und deine feinstofflichen Felder durchspülen und reinigen. Gründlich reinige ich deine Wurzel, hinauf durch dein ganzes Wesen, bis wir zusammenschmelzen werden!«

Die Stimme schweigt, Tashi drückt den Stein an seine Brust und denkt über alles Gesagte nach. Ohne die Anpassung an diese hohen Wissensfrequenzen würde er kaum ein Wort der Mitteilung verstehen. Er wünscht sich nur, dass das nicht allzu anstrengend wird, wenn sich sein Wesen so stark transformieren soll.

Pixie klopft ihm leicht an die Stirn und flüstert leise:

»Nicht aufregen Tashi, ich bin auch noch da und helfe dir! Zusammen ist das alles machbar.«

Er grinst, streckt die Hand in ihre Richtung, um sich wortlos zu bedanken.

Die Stimme im Dom spricht erneut.

»Da die Ur-Farben Rot und Blau in mir leben, bin ich nicht der Polarität unterworfen. Die beiden Ur-Farben haben sich in Harmonie vermischt, sie haben sich nach vielen Konflikten zusammengetan und sind eins geworden!

Ich bin das Geheimnis der Einswerdung und der Evolution, die in eurer winzigen Zirbel Drüse ein bedeutendes Portal öffnet, um sich mit dem Universum zu verbinden. Aus der Zweiheit wieder in die Einheit!

Amethyst ist übergeordnete allesumfassende Liebe. Alles, was ich berühre, wird zur höchsten Liebe transformiert.

Ich existiere in allem, du wirst wieder Teil meines Wissens, das alles durchdringt! Du wirst die Verdichtung meines kosmischen Wissens!«

Stille. Pulsierende Stille voller Versprechungen und gigantischem Wissen.

Tashis Ohren surren vom aufmerksamen Hinhören und dem intensiven Crashkurs über Amethyst. Er berührt sein Geschenk, den außergewöhnlichen Stein und streichelt ihn, um seine Flächen und seine Struktur besser kennenzulernen. All diese Attribute sind bereits im Gedächtnis seines Amethyst Steins gespeichert.

Der Vater schaut sich jetzt neugieriger um, das Licht im Dom verändert sich immer wieder, mal scheint es ganz klar und hell, dann wird es wieder dunkler. Alles kommuniziert, der Boden, der sich trotz des Wassers nicht nass anfühlt, die Wände, die einen Raum andeuten, der sich ständig bewegt, die unsichtbare Intelligenz, die spricht.

Ramosh hat ebenso intensiv und fasziniert hingehört wie Tashi. Er steht ruhig und gelassen und harrt der Dinge, die bestimmt noch kommen werden. Seine Antennen scheinen immer bereit und auf Empfang eingestimmt zu sein. Er ist wirklich ein Krieger, der dauerhaft wachsam ist. Seine Sinne sind überaus geschärft, sein Feld in alle Richtungen offen, damit er sich augenblicklich in jegliche beliebige Intelligenz einschalten kann.

Das Dach des Doms öffnet sich nach oben in einen weiteren dunklen, nicht existenten Raum und die größten Amethyst Kristallspitzen stechen wie Antennen nach oben aus dem Dom Dach heraus. Die drei Männer müssen ihre Köpfe tief in den Nacken biegen, um die ganze Höhe des Doms zu erfassen.

Die violetten Spitzen sind so dunkel, dass sie beinahe schwarz erscheinen. Die Spitzen strahlen gewaltige Macht aus, sie erscheinen fast wie übergroße Meisterwesen, gar nicht wie Edelsteine. Man sieht kleine Blitze, die in die Spitzen einschlagen und die Energie nach unten in den Dom verteilen. Die Kraft des Doms dehnt sich augenblicklich weiter aus und wird noch größer. Der Nichtraum, der vorhin dunkel erschien, wird von gleißendem, kristallklarem blendenden Licht abgelöst.

Die riesigen Amethyst Spitzen strahlen nun wie reines Feuer.

Das ist nun auch für die drei Männer zu viel. Ramosh hält Tashis Arm, um ihn zu stützen, und so verteilen sie sich die Macht untereinander, die vom Dom ausgeströmt wird.

Ein Seiteneingang öffnet sich und ein helles freundliches Licht hüllt eine Gestalt ein, die durch diesen Eingang schwebt. Alle drei schauen erwartungsvoll auf das sphärenhafte Wesen.

Als sich Tashis Augen an das Licht gewöhnt haben, erkennt er das Wesen, das ihm persönlich auf dem Regenbogen begegnet ist, wieder. Sein Gesicht erhellt sich, er beginnt zu strahlen und steuert dann direkt auf Amethyst zu.

Amethyst ist tatsächlich gekommen, nach vielen, vielen linearen Jahren des Wartens. Endlich, endlich! Ein breites Grinsen huscht über Tashis Gesicht. Er erinnert sich an das Versprechen von Amethyst! Von nun an soll sich sein Erdenleben sehr schnell verändern und verbessern.

Er kann es kaum erwarten!

Amethyst öffnet seine Arme weit und die beiden umarmen sich lange. Ohne großes Aufheben begrüßt Amethyst auch die

Elfe, die ganz ruhig in Tashis Haarschopf liegt. Auch Tashis Bruder und Vater lernen nun Amethyst kennen.

Das Wesen ist ätherisch, beinahe durchsichtig, von großer Kraft und Grazie. Jede seiner Bewegungen scheint flüssig, ohne Hektik oder zu viel Aufwand. Ein Ausdruck inniger und hoher intelligenter Harmonie in sich selbst und seiner Umgebung.

Mit wohlklingender Trance ähnlicher Stimme beginnt es zu sprechen:

»Ich weiß, Tashi, ich habe dieses Treffen geplant. Es ist Zeit für unsere Wiedervereinigung, sowie dir das Rosaline auf deiner ersten Reise schon erklärt hat! Aspekte und Fragmente, die sich wiederfinden und vereinen! Man begegnet sich immer und immer wieder, bis man den Sinn darin begriffen hat!«

Amethyst beobachtet seine Besucher und lässt ihnen Zeit, alles zu verarbeiten. Dann geht's weiter.

»Folgt mir, wir wollen uns am runden Tisch unterhalten. Hier ist es definitiv etwas zu kraftvoll geworden für euch. Zu einem späteren Zeitpunkt wird das kein Problem mehr sein, aber kommt doch zuerst mit.«

Amethyst schwebt ihnen voran und sie werden durch eine glasige Halle in einen kleineren Raum, als der Dom es ist, geführt. Auch hier ist alles aus Amethyst Gestein aufgebaut, der Raum fühlt sich weich und fließend an.

Im Vergleich zur Intensität des Doms ist es hier kühler, frischer und entschieden milder. Tashi atmet erleichtert auf.

Amethyst erklärt weiter:

»Dein Vater und Ramosh sind hier, um dir dabei zu helfen meine intensiven Frequenzen zu integrieren und zu verankern. Und natürlich, dass auch sie von dieser Kraft profitieren können.«

Amethyst zwinkert Tashi zu. Dann stellt er den drei Männern seinen runden, magischen Tisch vor. Der Tisch mitten im Raum ist aus verschiedenen Quarzen, Lavendelquarz, Rosenquarz und Amethyst, sogar ein Citrin Einschluss kann Tashi darin erkennen. Das Muster, das durch die Farb- und Strukturmischung entsteht, ist ein absolutes Naturwunder. Strahlende Goldadern sowie weißer Amethyst fließen sanft durch das Gestein. Tashi streicht mit seinen Händen über die glatte wunderschöne Oberfläche des Tisches. Sogar ein kleiner Wassertropfen hat sich in die Verdichtung eingeschlichen, ohne sich zu kristallisieren. Wenn der Tisch durch Levitationskraft leicht bewegt wird, sieht es aus, als würde der gefangene Tropfen darin schweben.

Tashi spitzt seine Ohren, denn er kann eine leise, sehr sanfte wellenartige Melodie hören, der Tisch ist ein lebendiges Wesen! Es (das Tischwesen) kommuniziert, nicht in Menschenworten, aber in seiner eigenen, wellenartigen Sprache. Tashi lächelt tief in sich hinein, denn die Ahnenbank, der Lieblingsort an seinem irdischen Kraftwort, weiß auch immer wieder Geschichten zu erzählen. Wie soll man denn etwas erklären, das nicht wirklich erklärbar ist oder in irgendeiner Menschensprache verstanden werden könnte? Man müsste die Hyperintelligenz aktivieren, aber davon ist das kleine menschliche Verständnis noch weit entfernt.

Nun treten auch Ramosh und der Vater an den mächtig prachtvollen Tisch und betrachten fasziniert das Kunstwerk.

»Es sind die Geheimnisse des Lebens, eingraviert im Spektrum von Farben und Klängen. Sie alle sind Schwingungen, die eine Form hervorrufen. Das Wissen um diese Schwingungswellen und ihrer Anatomie sind die Grundlage der Schöpfung. In ihnen sind die Lebensgeheimnisse verborgen!«

Amethyst beobachtet die drei, wie sie ganz in die Schönheit der Umgebung eintauchen. Er beobachtet Tashi, wie er versucht, eine ganze Palette neuer Gefühle, die ihn überwältigen und sein bisheriges Menschendasein gar nicht kennt, zu fühlen. Er vertieft sich in diese sehr hohen Wissenscodierungen und gibt sich dem neuen, ohne es beurteilen oder verstehen zu wollen, hin.

»Möchtet ihr gerne um den Tisch sitzen oder lieber herumwandern? Es ist euch freigestellt. Unsere Geschichte kann ich euch trotzdem weitererzählen.«

Der Vater entscheidet sich zu setzen, während Tashi immer noch den Strukturlinien der sich ineinander webenden Kristalle nachzeichnet. Ramosh nimmt den Raum wahr, indem er einfach dasteht wie eine Antenne und alles absorbiert.

Tashis schaut zu, wie sein Geschenk von Ashtar, der Amethyst Kristall, der auf dem Tisch steht, sich in die Schwingung und das Leuchten des sie umgebenden Bewusstseins einfügt. Der Mikrokosmos im Makrokosmos. Das Kleine ist nur eine Absplitterung des Großen, aber beinhaltet genau die gleichen Informationen des Ursprungs seiner Herkunft!

Pixie macht sich bemerkbar, steht auf und beginnt leise herumzuschweben. Sie bewegt sich direkt auf Tashis Kristall zu und lässt sich von den hohen Energien tragen.

Niemand erwähnt irgendetwas, man lässt die süße Elfe gewähren.

Sowie der geschenkte Amethyst Kristall sich in das größere Bewusstsein einfügt, wird Tashi mit dem Bewusstsein des Amethyst Wesens zusammenschmelzen. Das ist der Grund seiner Reise in die Tiefen des Universums. Zwei Wesen, die sich in ihrem getrennt geglaubten Bewusstsein wieder vereinen! Zwei Wesen, die zusammengehören in ihrer originalen Ursprungskraft.

Die drei werden langsam an die hohen Frequenzen, die sie bereits im Dom gespürt haben, angepasst. Tashi genießt das Wasser, das den Boden nur knapp bedeckt, es ist herrlich erfrischend und erfüllt den Zweck der Weiterleitung von Informationen. Wasser transportiert Informationen und bringt sie dorthin, wo sie gebraucht werden. Tashi spielt mit den Zehen, um das nicht nasse Wasser zu fühlen, er will die Energien, die er hier empfängt, in seinen ganzen Körper weiterleiten, damit er sie bis in die Fußsohlen verankern kann. So wird alles, was hier noch geschehen wird, direkt umgesetzt und verarbeitet. Er spürt große Fröhlichkeit aufkommen, Wellen der Leichtigkeit, die ihn einhüllen.

Amethyst lächelt, nähert sich Tashi und berührt ihn leicht an den Schultern.

»Du erlebst eine Umwandlung, eine Reinigung und Erlösung von sehr vielen Altlasten. Ich habe dich hierher gerufen, damit du dich mit deiner Zwilling Energie, dem anderen Teil deines Selbst, verschmelzen kannst. Du vereinst dich mit dir selbst, mit deinem Original und wirst dich deines Ursprungs wieder bewusst. Das soll hier geschehen!«

Lange betrachtet er das Amethyst Wesen und seufzt laut.

»Ich weiß, ja, und ich freue mich, dann hat das Sehnen ein Ende und ich kann einen neuen Zyklus beginnen. Diese hohen Energien werde ich dann auch mit auf die Erde nehmen?«

»Ja Tashi, das ist große Transformationskraft, die sich auf alles, was dir begegnet, auswirken wird. Von nun an arbeitest du nicht mehr alleine, sondern mit deiner ganzen Monade. Also deinen Seelengeschwistern, ob sich diese nun auch im Menschenkleid befinden oder auf anderen Bewusstseinsebenen, ist nicht wichtig. Dein Gespür für die Ganzheit wird sich mächtig verändern!

Ich bin von nun an immer bei dir! Du wirst zu meinem Sprachrohr! Ist doch sooo coool, nicht?«

Tashi schaut Amethyst ungläubig an. Genau das Wort cool hat er bereits auf dem Regenbogen verwendet. Das hat er damals gar nicht witzig gefunden. Und hier also begleitet ihn das Wort wieder! Seltsam …

Natürlich weiß Amethyst, was Tashi denkt, hier sieht man die Gedanken, alles ist ein offenes Feld. Amethyst lacht fröhlich.

»Ach Tashi, mein Lieber, ich habe auch einige Attribute von dir übernommen, sind wir doch aus einem Strahl entstanden. Während du dich endlos weiterentwickelt hast und mir deine Erfahrungen ebenso endlos weitergereicht hast, verwerte ich jetzt ein paar coole Worte, die du auch oft verwendest. *Cool* gefällt mir! Ist das in Ordnung mit dir? Man kann es zum Beispiel auch so verwenden: die hohen Energien etwas herunterkühlen, damit sie dein Nervensystem nicht überhitzen. Und überhaupt bist du sehr würdevoll auch in schwierigen Zeiten, ein Zeichen deiner Meisterschaft! Du lässt dich nicht so schnell beirren. Du bleibst cool. Das gefällt mir an dir!«

Cool = Kühlen/abkühlen/beherrscht/unbeirrbar/kontrolliert/gefasst etc.

Amethyst hat wohlwollend mit Tashi gesprochen, klare deutliche Worte von Wertschätzung. Tashi freut sich darüber und erkennt, dass man nie alleine reist, auch wenn man sich einsam und abgetrennt fühlt. Dass alles, was man tut oder auch nicht tut, irgendeine Auswirkung im größeren Ganzen Netz des Universums ausstrahlt.

Er schaut auf seinen Vater und Ramosh.

»Eigentlich müsste man sehr viel mehr Verantwortung für das persönliche Verhalten übernehmen, sich bedachter verhalten, wenn man diese Dinge wüsste nicht? Uuupsss, dann möchte ich nicht so genau wissen, was ich sonst noch so weitergeleitet habe!«

Tashi hat es geschafft, die Stimmung und die vorhandene Spannung des Ungewissen zu lockern, es herrschen Fröhlichkeit und eine gewisse Unbeschwertheit. Plötzlich reden sie alle durcheinander, das Licht wird heller und beginnt sich in Wellen zu bewegen.

Mitten in dieser Fröhlichkeit beginnt Tashi plötzlich und ohne Vorwarnung in Lichtsprache zu sprechen. Ramosh und sein Vater machen große überraschte Augen. Wow, das ging aber zackig! Einfach so, ohne Anmeldung! Amethyst beobachtet die drei und schmunzelt. Auf diese Sprache und Verbundenheit hat Tashi schon lange gewartet. Jetzt ist es Zeit, diesen Aspekt zu öffnen und zu gebrauchen.

Lichtsprache

Tashi weiß gar nicht, wie ihm geschieht. Die Wellen durchfluten ihn mit großer Kraft, er kann sein eigenes ausgedehntes Energiefeld sehen. Fluoreszierende lila, silberige, goldene, violette Wellenbewegungen umspülen ihn, dringen durch seinen Körper hindurch, als wäre er Luft. Sein Kehlkopf öffnet sich und kratzt für kurze Zeit, bis sich sein Hals an diese hohen Schwingungen gewöhnt hat. Die Sprache, die aus ihm heraussprudelt, wird immer schneller, mit dieser Geschwindigkeit könnte er im Normalzustand gar nicht reden. Er nimmt das Gesprochene gefühlsmäßig wahr. Übersetzen kann man das nicht, da es nicht vergleichbar ist mit einer Menschensprache. Es ist die Sprache der Quelle, des Ursprungs. Die Sprache, die etwas in Manifestation, also in Form bringt. Es ist die geometrische Sprache der Blume des Lebens. Die Sprache des Fürsten Metatron.

Ramosh schließt die Augen, weil er intuitiv wahrnimmt, was sein Bruder spricht und so viel wie möglich davon aufnehmen möchte. Der Vater allerdings kann es nicht fassen, er ist so stolz auf seinen Sohn, der wirklich ganz aus dem Licht kommt und bald wieder dahin zurückverschmelzen wird.

Tashi spricht nicht irgendeine Sternensprache, das könnte ja auch noch kommen? Aus dieser Lichtsprache haben sich alle anderen Sprachen entwickelt. Dann wird er also mit vielen Systemen auch kommunizieren können, was wiederum eine direkte Verbindung mit anderen Sternensystemen und Galaxien gewährleistet. Er wird sogar mit Andromeda, der Zwillingsgalaxie der Milchstraße, Kontakt aufnehmen können! Was für ein Abenteuer wartet da auf seinen Sohn! Der Vater beobachtet, wie er sich gelassen von den neuen Schwingungen führen lässt. Wirklich meisterlich, diese Gelassenheit!

Lichtsprache = Energie Sprache/geometrische Symbolsprache

Ramosh lächelt manchmal, wenn Tashi spricht, oder fühlt, dass sich in seinem eigenen Lichtfeld und in seiner Aura etwas bewegt und verändert. Als würden Informationen neu zurechtgerückt. Tashis Lichtsprache geht direkt in die Zellstruktur und verändert dort die genetische Codierung, es ändert oder korrigiert die Molekularstruktur. Puhhh, das geht tief!

Ramosh öffnet die Augen, um nicht allzu weit wegzudriften, und beobachtet seinen Bruder, der wie in Trance dasteht und völlig überrollt wird. Diese Energien sind von solch hoher Struktur, dass man gleich mal die Wahrnehmung aller materiellen Werte verliert. Es scheint Ramosh wie der Ur-Ton der Schöpfung, den sie zusammen mit Hermes Trismegistos auf der Reise mit Malachit und Moldavit erlebt haben.

Jetzt beobachtet er, wie Tashi die Tränen herunterkollern. Möglicherweise spürt er das gar nicht. Die Sprache bringt ihn zurück in die Blume des Lebens, die Ur-Form aller weiteren Schöpfungsformen. Die Sprache des Licht Fürsten Metatron! Diese Sprache ist die heilige Geometrie des Lichtes, das Ordnungsprinzip des Ursprungs, den bis anhin niemand weiß oder herausgefunden hat. Viel weiter als bis zum Ereignis des Urknalls ist das Wissen auf Erden noch nicht gekommen. Und das ist beileibe nur ein kleines Teilchen aus der Wissensgeschichte des Universums.

Diese Erkenntnis überwältigt selbst den starken Ramosh, er muss sich setzen.

Am Anfang war das Wort ... so heißt es doch. Aha, so also könnte es gewesen sein ... ein Wort ist ja Schwingung. Vielleicht war es gar kein Wort, vielleicht war es ein Ur-Ton, eine

Schwingung oder Wellenbewegung, die das materielle Universum, oder viele Universen, in Form gebracht hat?

Hmmm… Ramosh ist tief absorbiert in seinen Gedanken. Wenn man mit Tashi reist, ist es wirklich nie langweilig, man wird unentwegt zurück zur Wurzel geführt. Er ist mächtig stolz auf seinen kleinen Bruder.

Er hört weiter auf das, was Tashi spricht, eine Sprache voller Geheimnisse, die man fühlen muss. Amethyst wartet geduldig, bis Tashis Kräfte etwas nachlassen. Zum ersten Mal mit diesen hohen Schwingungen konfrontiert zu werden und sie erst noch umzusetzen ist nicht ohne, das kann ganz schön ermüdend sein.

Während Tashi sich ganz dem Neuen hingibt, erklärt Amethyst Ramosh und dem Vater:

»Unser violett farbiger Lichtstrahl, zusammen mit dem Amethyst Bewusstsein, verteilt die neuen Energien in das planetarische System der Erde. Unsere Kraft hilft den Menschen, das neue Bewusstsein zu aktivieren und ihr altes bekanntes Leben zu transformieren. Es ist die Zeit gekommen, von denen die alten Völker schon vor tausenden von Jahren gesprochen haben: die Zeit des Sich-Erinnerns und der Rückverbindung.

Für viele öffnet sich ihr persönlicher Kanal, indem sie sich den neuen einströmenden Lichtwellen öffnen. Die Menschen erinnern sich wieder und treten bewusst in Kontakt mit den geistigen Wirklichkeiten, die sie mit der Erde verbinden. Wir Edelsteine verkörpern das Lebensprinzip, speichern das Licht und seine jeweiligen Informationen. Wir zerstören das geistige Wissen nicht wie die Menschen, wir leben es!«

Ramosh setzt sich jetzt auch um den schönen, lebendigen Tisch, er beobachtet versonnen, wie Pixie sich genussvoll ganz und gar in die herrlichen Farbschwingungen begeben hat.

Ramosh und der Vater wissen um diesen Umpolungsprozess, der von einigen Systemen in der Galaxie unterstützt wird. Sie arbeiten ja zusammen für Alcyone und den Plejaden. Dort werden sie von Meister Schamanen über die alten Praktiken und das geheime Wissen unterrichtet. Nun, dass Tashi jetzt noch die Ursprache sprechen durfte, ist ein Geschenk. Sie selbst sprechen verschiedene Sternensprachen, auch anderer galaktischen Zivilisationen, nicht aber diese Ursprache.

Amethyst steht auf und verkündet fröhlich:

»Meine Herren, es ist Zeit für eine Erfrischung! Durch die Lichtsprache hat sich eine leichte Veränderung in eurem Körper-Geist-Gefüge ergeben. Die Auswirkungen davon werden sich schon sehr bald zeigen. Aber erst wollen wir feiern und ruhen. Alles braucht seinen Ausgleich. Sein und Tun … Tun und Sein!«

Nga, die sonst immer neben Tashi wacht, ist nach der Lichtsprache unruhig und nervös geworden. Als Tashi endlich ruhig wird und den ungeheuren Energiefluss ausklingen lässt, wird Nga außergewöhnlich müde, eine Erfahrung, die nicht ins Departement eines Wächters gehört. Nga setzt sich an den Tisch zu den dreien. Amethyst beobachtet Nga und lässt ihr eine spezielle Flüssigkeit zukommen, die sie an die veränderten Codierungen anpassen soll.

»Nga, du treuer Wächter, du hast gerade alte Themen, alte Erstarrungen gelöst. Durch das Loslösen empfindest du starke Müdigkeit. Während ihr in meinem Tempel weilt, könntest du dich ausruhen, Rückzug, stille Zeit ganz für dich verbringen. Waka ist vollauf und wohl, Tashi braucht euren Dienst hier nicht. Wir holen dich wieder ab, sobald wir bereit sind, in den großen Lichttempel zurückzukehren.«

Nga schaut dankbar erst zu Tashi und nickt dann seine Einwilligung zu Amethyst.

Tashi begleitet Nga bis zur Tür, wo er von einem leuchtenden Wesen still in einen Ruheraum begleitet wird. Nga ist sehr dankbar, so dass er sich gerne aus dem Amethyst Tempel führen lässt und sich regenerieren kann. Er spürt, wie Altlasten und alte Doktrinen noch in seinem Gewebe verhangen waren. Eigentlich sind alle Wächter geschlechtslos, aber Nga hat sehr stark die weiblichen Attribute von Tashi und seinen Ahnen angenommen, da diese noch Resonanz in ihm selbst gefunden haben. Die traurigen, unterdrückten, einschränkenden und gefangenen weiblichen Göttinnen Attribute sind mit der Lichtsprache und Amethystes Schwingung befreit worden. Das weibliche Göttliche darf wieder frei in ihrer Macht erschaffen und neues manifestieren! So wie es am Anfang aller Zeiten gedacht war. So ist Nga weder eine Sie noch ein Er. Es ist der Wächter, die auf der linken Körperseite, also dem weiblichen Element zur Unterstützung, steht. Nga lächelt und legt sich hin, um sich ihrem eigenen Prozess hinzugeben.

Nga = Wir werden Nga manchmal Sie und manchmal Er nennen, beides ist stimmig, weil es die weibliche Kraft im männlichen und die männliche Kraft im Weiblichen hervorbringt. Nga hat die beiden Gegenpole in ihrem Wesen vervollkommnet.

Der phantastische Amethyst Tisch beginnt sich selbst mit der feinsten Auswahl an kleinen Häppchen und Getränken zu decken. Ganz nach dem Motto: Tischlein deck dich. Hier wir direkt aus dem Geist, aus dem Nichts manifestiert. Alles geschieht in großer Stille, die gleichzeitig sehr belebt ist. Die drei Männer staunen nicht schlecht über diese Überraschung. Die Häppchen sehen ganz anders aus, als was sie bis anhin erlebt haben, sie schweben ganz knapp über der Tischplatte. Alles ist permanent in Bewegung, ohne Unruhe auszustrahlen.

Pixie strahlt über das ganze Gesicht, diese Nahrung entspricht ganz ihrem eigenen Wesen. Elfen essen naturgemäß nichts, da die Schwingungen der Menschennahrung nicht mit ihren leichten Lichtschwingungen übereinstimmen. Aber das hier gefällt ihr ausgezeichnet. Sofort und graziös bedient sie sich eines kleinen Häppchens und zieht eine charmante glückliche Grimasse, die die drei Männer zum Lachen bringt. Sie ist einfach unvergleichlich einzigartig süß.

Freudig erklärt Amethyst, während er Pixie beobachtet:

»Wir essen nicht, um den Hunger zu stillen, wir essen nur kleine mundgerechte Häppchen, um die notwendigen Energien erneut aufzutanken. Das ist alles, meistens essen wir gar nicht. Wir brauchen das nicht, das Feinstoffliche IST unsere Nahrung und versorgt uns mit allem, was wir brauchen. Aber von meinen Besuchern kann ich das nicht verlangen. Dies ist ein kleines

Büffet nur für euch manifestiert. Es soll nicht nur eure Körper nähren, sondern auch die seelischen und geistigen Bedürfnisse decken. Bitte genießt es, lasst es euch schmecken und nehmt euch genügend Zeit.«

Nahrung

Tashi bedankt sich bei Amethyst und vorsichtig nimmt er ein winziges Häppchen. An so vielen Orten hat man ihn immer wieder zum Essen eingeladen, in den meisten Fällen waren es Stärkungen, nicht Essen, wie man es bei den Menschen kennt. Das Häppchen klebt an seinen Fingern und duftet sehr süß. Er probiert es zögernd, ist aber erstaunt, wie gut es schmeckt. Ein leichter bitterer Geschmack begleitet den ersten süßen Bissen. Sofort reagiert sein Körper auf dieses so kleine Häppchen.

»Das ist gewürzt mit einer Ur-Tinktur, die nicht nur den Hunger stillt, sondern auch die Zellen nährt. In diesem Fall braucht der Körper sehr wenig zu essen, da das Häppchen geladen ist mit Zellnahrung. Wo die Zellen mit Licht genährt werden, erfrischt sich der ganze Körper, weil es mit lebendigem Leben, mit Lichtkraft, geladen ist. Nahrung sollte wie Medizin sein. Die Magie der Nahrung führt dich zurück zu deinen Ahnen, die vor langer linearer Zeit gelebt haben. Sie wussten, wie man auf den Körper hört, sie wussten um die Gezeiten und Rhythmen der Kreisläufe. Nahrung ist Liebe, sie ist Geborgenheit und schenkt Kraft. Die ganze Schöpferkraft kommt zur Entfaltung, selbst, oder vor allem, im einfachsten Gericht. Die ganze Lichtkraft lebt in einer Frucht, die schöpferische Liebe lebt weiter in den essbaren Geschenken, die Mutter Erde so freiwillig zur Verfügung stellt. Die alten Völker waren sich der Lebenskraft, die in allen Dingen wohnt, sehr wohl bewusst. Sie wurden mit der Frucht, die sie aßen, eins. Sie haben das Wesen der Frucht erkannt und sich dafür bedankt. Das gilt natürlich auch für Gemüse, Kräuter, Gewürze und, wenn auch eher selten, Tiere.«

Amethyst schweigt und die drei genießen ihre Häppchen viel bewusster und langsamer. Das ist kein Problem, da Zeit aufgehoben ist und die Nahrungsmittel, mit denen sie beschenkt werden, sehr stark wirken und schnell füllend sind. Jeder Geschmack scheint ein anderes Element im Körper anzusprechen. Alle Sinne werden genährt und kommen auf ihre Kosten. Heilende Kraft liegt in jedem Mundvoll. Es ist ein sinnliches Erlebnis. Ramosh scheint gar darin aufzugehen, manchmal schließt er die Augen und Erinnerungen aus anderen Lebenszeiten spielen sich in seiner Vision ab. Das verblüfft ihn zwar, bevor er sich näher darauf einlässt, will er es aber genießen.

Tashi spürt Müdigkeit aufkommen. Die nahrhaften Häppchen haben ihm den Rest gegeben. Die Lichtsprache war schon stark und jetzt noch der herrlich farbenfrohe beladene Tisch mit den göttlichsten lichtdurchfluteten Gerichten.

Ein Gedanke ist ein Gedanke! Amethyst hat Tashis Gedanken aufgenommen und dasselbe Wesen, das Nga in einen Ruheraum gebracht hat, steht jetzt da und fordert Tashi auf, mit ihm zu kommen. Er wird in denselben traumhaft schönen, von schillerndem Gold und Platin durchwirkten Raum begleitet, in dem Nga ruht. Das Wesen, ebenfalls geschlechtslos, aber voller Licht, deutet Tashi, sich hinzulegen. Jemand bringt ihm ein Glas gefüllt mit purem Licht, das er trinken soll. Er tut das, schaut sich nach Nga um, bestaunt den leuchtenden, mit vielen verschiedenen lila Lichtern gefüllten Raum, lässt alles auf sich wirken. Leise Klänge spielen direkt aus den kristallenen Wänden.

»Es ist einfach herrlich immer wieder in einen anderen Abschnitt des Paradieses geführt zu werden! Nga, ich brauche dich und dein erneuertes Selbst …«

Tashi hat leise vor sich hin geflüstert und schließt die Augen. Die beiden werden neu aufeinander abgestimmt, in totaler Harmonie, sodass Gedanken und Gefühle eine Einheit werden. Die Polarität ihrer Nähe vereint sich hier. Nga wird wie Waka eine absolute Einheit mit Tashi sein und ihn nie mehr verlassen.

Auch nicht, wenn er dermaleinst ins Licht zurückkehrt. Tashi lächelt im Halbschlaf, er weiß, was geschieht, und ist sehr, sehr glücklich. Eine weitere Befreiung der schöpferischen Göttin in ihm. Ihr Lied schwingt ihn in immer höhere Dimensionen, sie vermittelt ihm ihr Wissen in seinem Schlaf.

Die Tür wird leise, automatisch geschlossen und die beiden, Tashi und Nga, schlafen den Erneuerungsschlaf, der nicht wirklich einer ist. Sie schlafen nicht, sie wurden in die Quelle, den Schöpfungslogos, zurückgerufen.

Ramosh und der Vater sitzen immer noch am Tisch, essen gemütlich von den kleinen magischen Häppchen und warten, was Amethyst ihnen mitzuteilen hat.

»Ihr beide, ja ihr wisst es schon. Das, was ich euch zeigen werde, möchte ich Tashi vorenthalten. Da er ohnehin nicht so gerne zur Erde zurückgekehrt ist, wollen wir ihn mit diesen Informationen nicht zusätzlich beunruhigen. Ihr beide arbeitet bereits mit den Plejaden an diesen Projekten. Dennoch, aus dieser Perspektive habt ihr es noch nicht erlebt. Ihr wisst um den Krieg der Machenschaften, den diversen Sternen Zivilisationen, die schon seit tausenden von Jahren die Menschen hin und her schubsen und in Sklaverei halten auf Erden. Die Machenschaften, die dunklen Gegenkräfte halten nichts vom Strom des Lebens, sie schätzen weder das Leben noch die Menschenwesen.«

Plejaden = ein ca. 100 000 000 Millionen Jahren alter Sternenhaufen oder auch das Siebengestirn genannt

Ramosh und sein Vater schauen sich an, wundern sich, was auf sie wartet, nicken und beenden ihr Smörgåsbord. Sie stehen vom Tisch auf, der Amethyst Meister führt sie zurück in den großen Dom mit dem geöffneten Dach und den übergroßen Amethyst Spitzen, die scharfkantig wie Antennen in den Himmel ragen, den es nicht gibt. Es sieht aus wie eine kosmische Krone, die im Dunklen leuchtet und ihre Macht ausstrahlt. Die kleinen Blitze, die man vorhin sehen konnte, sind jetzt verschwunden.

Amethyst spricht ein kurzes Mantra, das sich wie ein Befehl anhört. Wo vorher Dunkelheit herrschte, öffnet sich ein Fenster nach oben und den beiden wird ein holographischer Film durch die offene Krone gezeigt.

Amethyst spricht mit sonorer Stimme.

Machenschaften

»Wie ihr wisst, herrschen auf Erden diverse dunkle Mächte. Dies sind Mächte und Machenschaften von Lobbys, die nicht zu unseren Abteilungen gehören und von alten, sich verdunkelnden Galaxien und Sternenhaufen abstammen. Die Dunkelheit birgt so viele Geheimnisse wie das Licht, schließlich kommt alles aus derselben Quelle und aus demselben Verständnis. Beide Mächte dehnen sich in entgegengesetzte Richtungen aus. Sie wohnen im Menschen und müssen von ihm erkannt werden, um sich mit ihnen zu versöhnen.

Das Morbide ängstigt den Menschen, zieht ihn aber gleichermaßen an! Seltsam nicht? Ein Widerspruch, der doch keiner ist. Die Menschheit wurde genetisch missbraucht, sozusagen als Versuchskaninchen, für genetische und biologische Zwecke für die Weiterentwicklung der dunklen Mächte. Sie ernähren sich vom emotionalen Reichtum des Menschen. Dunkle Zivilisationen bereichern sich daran und verändern damit ihre eigene Genetik. Der Menschenhandel floriert, sie werden fürs Klonen, genetische und biologische Zwecke gebraucht und missbraucht.

Die Menschen verkaufen sich in ihrer Naivität, sie hören auf, kreativ auf Lebenssituationen zu reagieren, sie lassen sich von Maschinen verwalten.

Dabei verlieren sie ihren natürlichen, in die Natur eingewobenen Rhythmus, der ihr originales geistiges Wesen nährt.

Ramosh, du und dein Vater werden ein Team werden, in dem ihr am gleichen Projekt zusammenarbeitet. Tashi ist alleine für die geistigen Zwecke und deren Entwicklung unter den Menschen zur Erde zurückgekehrt. Meine Energie, die Wirkung meines Amethyst Wesens, nimmt in diesem Universum ganz neue Ausmaße an! Ich werde mich ganz und gar mit Tashi vereinen, während er schläft. Wenn ihr zusammen zurückkehrt aus unserem machtvollen Departement, beginnt eine neue Ära für euch drei.

Meine Energieschwingung reinigt das Bewusstsein von Mutter Erde, die als Spielball für entsetzlichen Missbrauch hinhalten musste, wird gereinigt und neu belebt. Ihr wisst, dass sich die dunklen Mächte bereits mehrere Fluchtorte ausgesucht haben, auf denen sie weiterexistieren werden. Könnte wohl sein, dass Mutter Erde ihre Kinder eines Tages ausspuckt und sich weigert, irgendwelche weiteren Experimente auszuhalten. Mutter Erde braucht die Menschen bestimmt nicht.

Mögt ihr euch noch erinnern, als ihr für eure Zivilisation auf den Plejaden bereits ähnliche Arbeiten vollbracht habt?«

Ramosh schaut seinen Vater fragend an. Der lächelt, weil er sich gut daran erinnern kann, aber damals war Ramosh noch nicht sein Sohn. Er klopft ihm auf die Schultern.

»Ramosh, das ist alles schon sehr lange her. Damals hattest du einen anderen Vater, deshalb weißt du vieles nicht mehr. Ist auch nicht nötig, kein Problem, ich mag mich gut erinnern, diese Erlösungsarbeit ist meine Spezialität. Zusammen mit Tashi am gleichen Projekt zu wirken ist eine schöne Aufgabe und macht Spaß.«

Der Vater klopft Ramosh erneut auf die Schultern, von Mann zu Mann. Großes Mitgefühl strömt leise aus Ramosh. Er ist sehr still, er hat sich in sich selbst zurückgezogen.

Der Vater fragt Amethyst, ob er sich noch ein kleines Häppchen aus dem kleineren Dom holen darf, bevor der Unterricht weitergeht.

»Keine schlechte Idee, lasst uns erfrischen.«

Der holographische Film wird angehalten und sie kehren für eine kurze Pause zum Smörgåsbord zurück.

Der geschenkte Amethyst Kristall von Tashi steht immer noch auf dem Tisch, hat jetzt aber seine Farbe verändert. Die Veränderung, die mit Tashi geschieht, wird direkt auf den Stein übertragen. Ehrfurchtsvoll beobachtet Ramosh den Informationstransfer und wie sich dabei der Kristall verändert hat.

Pixie sitzt auf Tashis Kristall, als müsste sie ihn behüten. Auch sie verschmilzt mit ihm. Zum ersten Mal gibt sich Pixie ganz dem Ritual hin, ohne mit Ramosh oder sonst jemandem zu kokettieren. Das ist sehr unüblich, Ramosh runzelt darüber die Stirn.

Der Strahl der Wahrheit hat sich in den außergewöhnlichen Kristall einprogrammiert. Dieses Programm wird dann auf Tashi übertragen, aufgenommen und ausgedrückt. Sein Amethyst Stein wird zum Transmitter, zur Antenne, die jederzeit von Tashi gelesen werden kann.

Ramosh lässt die Weisheit des Amethyst Wesens tief auf sich wirken. Er spürt, wie sich seine Augen erfrischen und er auf seinem inneren Auge klarer wird. Seine Visionen und die bereits ausgeprägte Intuition werden sich um ein Vielfaches verstärken. Darauf freut er sich. So wird er noch viel mehr Verbundenheit mit seiner Ur-Sonne, der Quelle fühlen.

Er erlaubt sich jetzt doch noch ein Häppchen, bevor der Amethyst Meister langsam zurück zum Dom mit dem geöffneten Kronendach spaziert. Amethyst möchte Ramosh und seinem Vater noch Weiteres zeigen.

Sie folgen ihm mit ihren feinen Häppchen, die auf einem kleinen kristallenen Tablet angeordnet wurden, und sind schon wieder voll konzentriert.

Langsam lässt der Amethyst Meister das Hologramm erneut starten.

Ramosh und der Vater beobachten, wie sich sehr langsam zwölf dunkle Tore öffnen. Alle zur gleichen Zeit, um sich den beiden, Vater und Sohn, zu zeigen. Meister Amethyst schreitet nach vorne und zeigt mit seinen Händen zu den zwölf Toren.

»Sie, meine lieben Freunde, sind die zwölf Schattenseiten der Schöpfung. Sie unterstehen den Mächten des Dunklen und halten so ihre Gesetze, die sie verwalten, in den niederen Welten aufrecht. Sie sind die Meister der Chaosgestaltung. Sie sind gefallene Lichtmächte, die die Machtspiele der Menschen widerspiegeln.«

Gebannt betrachten die beiden die dunklen Räume, die von unanschaulichen Gestalten bewacht werden. Die Räume öffnen sich nach oben, es gibt keine Tore auf keiner ihrer vier Seiten. Die dunklen Gestalten verhindern sowohl den Einblick als auch den Ausblick, man kann weder hinaus- noch hineinschauen. Aus diesen dunklen Räumen herauszukommen bedarf einiges an Anstrengung und Überwindung.

Die dunklen Gestalten dehnen ihre schleimigen Tentakel in alle Richtungen aus, um eventuelle, wenn auch seltene Ausreißer, sofort wieder in ihren Stall zurückzuholen. Um aus dem Unrat des dunklen auszureißen, den Codierungen und aus dem mentalen Gefesseltsein frei zu werden, müssen viele unendliche Stufen der Erkenntnisse und des Lernens vorausgehen.

Selbst die finsteren Mysterien müssen sich einem gewissen Zyklus beugen!

Da im Universum bestimmte Zyklen herrschen und nicht lineare Aufzeichnungen, wie es auf Erden geschieht, sind diese Zyklen anderen Gesetzen unterworfen.

Aus der Mitte der zwölf Tore erscheint ein Archont. Er nimmt seine Verhüllung, die ihn unsichtbar macht, weg und nimmt eine götterähnliche Gestalt an. Ramosh sieht, dass der Archont sich anpasst an das, was die Zuschauer sehen WOLLEN!

Ein Archont zeigt selten sein wahres Gesicht, er ist ein Magier der Illusionen!

Der Archont

Leise, ohne dass es jemand bemerkt hätte, haben sich Tashi und Nga aus ihrem Anpassungsschlaf Prozess gelöst und gesellen sich wieder zu Ramosh, den Vater und Amethyst, der Tashi bereits gesehen hat.

Im Reich des Lichtes bleibt nichts verborgen, nicht einmal die leiseste Bewegung oder der leiseste Impuls!

Tashi hält die Hand von Nga und zusammen erkennen sie den Archonten.

In diesem Moment sieht auch Ramosh seinen kleinen Bruder und ruft Amethyst.

»Du wolltest diesen Anblick doch vor Tashi fernhalten! Schafft er es denn, sich anzusehen, was du uns begreifbar machen möchtest?«

Der Archont reagiert sofort, als der Name von Tashi fällt, und verändert seine Form erneut.

Amethyst umhüllt Tashi und verleiht ihm die Macht des transformierenden violetten Lichtes sowie den mächtigen Schutz, welcher dem Wissen des Amethyst Kristalls innewohnt.

Tashi hält noch immer die Hand von Nga, das hat es auch noch nie gegeben! Die beiden stehen jetzt in neuer Kraft miteinander, zueinander, und beginnen einen neuen Weg der absoluten Verschmelzung. Nga wird helfen, Tashi viele neue Möglichkeiten zu eröffnen, weil er sich mit einigen seiner eigenen Dämonenschaften versöhnt hat.

Waka kommt auf die beiden zu, hält ganz einfach, ohne etwas zu sagen, die rechte Hand von Tashi. Zusammen ergeben sie die Dreieinigkeit, eine neue harmonische Zugehörigkeit. Leise flüstert Waka Tashi in die Ohren.

»Gratuliere Tashi, du bist mein Lieblingswesen! Du bist unglaublich stark!«
Weil Waka so viel größer ist, muss er sich beim Flüstern leicht Tashi entgegenbeugen. Tashi freut sich sehr über Wakas Kommentar und drückt als Antwort Wakas Hand etwas kräftiger. Er schaut Nga an, die lächelt und noch einen leicht verschlafenen und spaced out Ausdruck hinterlässt. Alle drei freuen sich über die neue einheitliche Verbindung und das neue Verstehen.
Ramosh und der Vater stellen sich ebenfalls auf Tashis Seiten, er will jetzt den Archonten, den Dämon der Unterwelt, besser betrachten können.

Archonten = Dämonen der Finsternis

Der Archont beginnt sich zu regen und spricht.
»Erinnerst du dich noch an deine Regenbogenreise Tashi? Da bin ich dir in einem schwarzen Kapuzengewand begegnet und du wolltest mich nicht mehr füttern mit deinen Selbstzweifeln und Ängsten. Ich hasste dich, weil du mir die Nahrung weggenommen hast!«
Amethyst verstärkt sein Licht über Tashi, damit er standhaft und aus der inneren lichten Gelassenheit reagieren, besser noch, agieren kann. Tashi leuchtet überaus großartig, er spürt das Kraftfeld, das ihn umgibt. Das Kraftfeld schenkt Mut, ruhig zu bleiben und aus seinem Meisterselbst zu agieren.

»Ich weiß, du bist mir begegnet und ich habe mich dir gestellt! Was willst du mir heute berichten? Willst du erneut versuchen mich zu verführen? Was hast du mir zu sagen, das so wichtig sein könnte, dass ich dir meine Zeit und Aufmerksamkeit widme?

Wie kommt es überhaupt, dass es dir erlaubt ist, im Amethyst Reich zu erscheinen?«

Der Archont neigt den Kopf, er scheint wahrhaft verlegen. Also sowas ist doch kaum möglich, da er doch selbst ein Meister der Verwirrung, der Zerstörung und des Missbrauchs ist?

Tashi drückt wieder die Hände seiner treuen Wächter und schaut Amethyst fragend an.

Es herrscht einen Moment unglaublicher, pulsierender Stille.

Der Archont hebt jetzt sein Haupt und verändert seine Form erneut. Man muss wissen, dass die Geister der Unterwelt alle möglichen und unmöglichen Formen annehmen können. Bis hin zu Viren oder Parasiten, die so für die unterdrückte Seele nicht mehr wahrnehmbar sind.

Scheu – ein sehr, sehr ungewöhnliches Verhalten des Dämons – schaut er direkt zu Meister Amethyst und den danebenstehenden Tashi. Die Situation ist beinahe lächerlich, oder aber sieht einem Bild des Jüngsten Gerichtes ähnlich. Lächerlich darum, weil Dämonen nicht gewohnt sind, sich zu beugen oder sich zu unterwerfen!

Der Vater schaut mit zusammengekniffenen Augen dem Monster, dem zahmen Monster, das muss erwähnt werden, direkt ins Gesicht. Dämonen haben nicht die Angewohnheit sich zu zeigen. Der Vater traut dem Wesen noch nicht so ganz und hält deshalb Tashis Schultern schützend in seinen starken Armen.

»Durch deinen Mut, Tashi, hast du mich in die nächste Etappe der lichten Dimensionen erhoben. Ich habe mein Amt als Zerstörer abgelegt. Nicht nur in deinem Leben, in dem ich mich durch Äonen immer wieder als deine Selbstzweifel, Einschränkung und Unterdrückung deiner Talente, sowie deiner Krankheiten gezeigt habe. Durch meine Macht in deinem Feld, in deiner Programmierung konntest du dich nie ganz frei ausdrücken. Oder wir, wir sind eine ganze Schar dunkler Mächte, haben veranlasst, dass, wenn du dich in irgendeinem deiner vielen Leben erfolgreich entfalten wolltest, wir dich haben töten lassen. Oder wir haben dich einfach aus dem ›Verkehr‹ gezogen. Du solltest dein Licht und deine Schönheit, deinen Seelenfunken aus den lichtvollen Ebenen, deiner wahren Urquelle nicht zeigen können.

Magst du dich erinnern an deine Regenbogenreise? Da bist du im Smaragd Departement deinem Vater begegnet und unter der Leitung von Raphael habt ihr noch Fesseln aus der Ahnengalerie aufgelöst. Selbst die Bäume haben alte Verbindungen aus der Unterwelt gelöst. Und dann war da noch deine fürchterliche Begegnung im Malachit Reich, da musstest du wahrhaftig leiden. Das waren meine letzten Überreste, mit denen ich dich beherrschen konnte. Du hast dich auch davon befreit. Da hast du mich aus dem dunklen Machtbereich erlöst! Durch diese Erlösung hast auch du dich aus einschränkenden Programmierungen befreit!«

Die Stimme des Archonten verändert sich. Es ist fast unmöglich zu glauben, dass ein Archont sich durch die traumatische Auflösung einer ihres Trägers verändern kann. Tashi zieht seine Lippen zusammen, der Vater zieht seine rechte Augenbraue hoch, Ramosh sagt dazu auch nichts mehr. Er mag sich noch bestens an die grauenhaften Schreie seines Bruders aus dem Malachit Bereich erinnern. Er empfindet jetzt noch Gänsehaut, wenn er daran denken muss.

Lange betrachten sie den Archonten, den Dämon, der die Machtlosigkeit der Macht offensichtlich erkannt, erlebt, und aufgelöst hat. Niemand traut ihm so richtig.

Es herrscht wieder große Stille im Amethyst Dom. Der Film läuft und läuft.

Jetzt wenden sich die drei dem Amethyst Meister entgegen, der mit seiner Erklärung beginnt.

»Tashi, auf deiner Regenbogenreise habe ich dir versprochen, wenn du deine wichtigste Entscheidung triffst, werde ich mich ganz mit dir verbinden und dich in dein ursprüngliches Seelenzuhause, in die höchsten Lichtfelder, zurückholen. Du hast dich damals entschieden, für dich und mich. Die Zwillingsgeschichte!«

Amethyst schmunzelt bei diesem Wort und Tashi lächelt endlich und seufzt auf. Er hat das Atmen fast vergessen bei der Geschichte, die der Dämon erzählt hat.

Das mit dem Sterben, das Martyrium hat er zu oft erlebt. Er kann sich an viele Leben erinnern, in denen er seine Lichtgeschichte und Weisheiten den Menschen auch auf anderen planetarischen Systemen mitteilen wollte. Aber zu oft wurde er vorher mundtot gemacht.

Bevor Amethyst etwas erklären kann, spricht der Archont bereits wieder. Es scheint, als müsste er beichten. Er möchte sich ganz ausleeren, um sich über seine eigenen Bosheiten bewusst zu werden. Bis anhin hat ihm nur die Unterwelt, die Fürsten der Dunkelheit, zugehört, aber da spricht man generell nicht über Licht, Farben oder überhaupt über schöne Dinge. Die Unterwelt ist eine geschlossene verseuchte Programmierung.

»Fürst Michael hat dich auf deiner Regenbogenreise gesegnet! Das ist wahrhaft ein Special Event, das ebenfalls nur den mächtigen Lichtwesen zusteht. Dein diamantenes Licht hasste ich, weil ich es endlich ansehen und mich damit auseinandersetzen musste. Dadurch war ich in Zwischenwelten gefangen, weder im lichten Bereich noch in der dunklen Macht. Je mehr ich mich dem Licht entgegenentwickelte, je freier und leichter ich wurde, desto mehr Widerstände musste ich überwinden. Das hat erneut zur Verwirrung gesorgt. Die schwarze Bruderschaft ist Meister der Gedankenmanipulation und Gedankenübertragungen!«

Er schweigt kurz, um sich seine Zuhörer anzusehen, schaut in die konsternierten Gesichter und spricht weiter, als niemand reagiert.

»Die Archonten sind Hybriden, die Hybriden entwickeln. Wir erschaffen eine Scheinwelt, eine verzerrte Realität, um Seelen für unsere Zwecke zu blenden und irrezuführen. Die Gene werden manipuliert und umprogrammiert, um die dunklen Mächte zu bedienen. Um uns Archonten selbst zu befreien, was fast unmöglich ist, müssen auch wir die zwölf Bewusstseinsstufen der geistigen Entwicklung durchlaufen, damit wir die Reifung der Seele erreichen. Wir müssen zuerst die dunklen Dimensionen durchlaufen, die Schattenseiten der Ewigkeit kennenlernen, um erst dann in das reine Licht-Äon erhoben zu werden. Ein unendlicher, ewig dauernder Prozess!«

Der Archont scheint müde zu werden. Tashi möchte sich hinsetzen, das Gehörte erschöpft ihn. Oder nimmt er die Energien des Archonten auf? Das wäre wohl möglich, da sich dieser gerade in einem Erlösungsgespräch mit sich selbst befindet. Erlösung und Befreiung von alten Schlacken und Erkenntnissen sind sehr erschöpfend, weil bei diesem Prozess der ganze Organismus gereinigt und entgiftet wird.

Amethyst manifestiert eine bequeme Sitzmöglichkeit, auf denen sich die drei Männer dankbar ausruhen. Niemand spricht, man spürt, dass der Archont noch nicht fertig ist. Das unauffällige strahlende Wesen, das zu Beginn Nga und Tashi in den Ruheraum geführt hat, bringt unaufgefordert einige der Häppchen vom Smörgåsbord, damit sich die drei erneut stärken können. Man bedankt sich mit einem Nicken, die Stille und die Szene des Archonten wollen nicht unterbrochen werden.

Der spricht weiter:

»Am Anfang aller Anfänge deiner Existenz habe ich mir einen Teil deiner Seele geschnappt. Dann habe ich mich deiner Lichtkraft beraubt und mich in die Intelligenz deiner Emotionen eingeschlichen. So wurde ich zu einem gefallenen Engel, halb göttlicher Herkunft, halb Menschengenen, ein Nyphilim.

Am Anfang deiner Existenz warst du ein offenes Energiesystem und wolltest Erfahrungen sammeln. Aber deine Seele war bereits gespalten und so konnte ich ein Teil von dir werden. Nach vielen weiteren Manipulationen habe ich mich in deine göttliche Intelligenz geschleust, da du deinem lichten Erbgut zu wenig Aufmerksamkeit geschenkt hast. Da hast du möglicherweise deinen Pfad ziemlich verloren. Das war allerdings vor langer, langer Zeit, in der du kurzweilig sogar uns Archonten gedient hast. Dein Amethyst Zwilling hat dich über Millionen von Zyklen gerufen, du aber warst verschleimt von meiner Gegenwart. Es gibt Hybriden und genetische Neuformen, die wir nicht nur aus dir gestaltet haben, sondern aus vielen Seelen, die ihren Weg ins Licht verloren haben. Wir wollen das reine Quellenmaterial verwenden, um Mischwesen – Hybriden zu kreieren, die von beiden Seiten, je nach Kampf der Galaxien, verwendet werden können. Durch genetische Experimente erschaffen wir seltsame disharmonische Mischwesen. Somit manifestieren sich unendlich viele falsche Matrizen. Die Seele verfängt sich darin wie eine Fliege in einem Spinnennetz. Eine leichte Beute für uns Archonten!

Wir spielen mit den persönlichen und mentalen Verwirrungen, sie bedienen uns und wir ernähren uns von diesen geistigen Umnachtungen und Konfusion. In dieser eurer momentanen planetarischen geistigen Evolution kämpfen wir um die naiven und reinen Seelen. Wir brauchen ihr Quellenmaterial, um neue Matrizen zu manifestieren! Glaube mir Tashi, genetische Experimente sind eine uralte Sache, ich würde beinahe sagen, sie sind eine Tradition. Und auf Planet Erde wird fleißig neues biologisches Material hergestellt. Nichts Neues, aber mit verheerenden Auswirkungen. Das Erbgut menschlicher Embryos wird auch manipuliert. Wo genau ist da der Unterschied von damals und jetzt? Man kann Mögliches und Unmögliches mit der DNS gestalten. Auf eurem Planeten kreuzen sie schon seit längerer Zeit Mensch – Tier – und galaktisches Material. Das Klonen ist seit tausenden von Jahren in vollstem Prozess auf Erden.«

Der Archont schweigt.

Ramosh und Tashi haben aufgehört zu essen. Das ist unglaublich starker Tabak und muss auch ohne zu essen erst mal verdaut werden. Tashi wird leicht übel, zudem wusste er gar nicht, dass ein Teil seiner Persönlichkeit so tief in den dunklen Reichen verhaftet war. Selbst wenn es schon Äonen her ist, fühlt er sich fürchterlich schuldig. Er traut sich kaum, Amethyst anzusehen, der ihm doch durch die Äonen mit seinem Ruf nur helfen wollte.

»Schuldgefühle sind unter anderem auch eine Macht der Dunkelheit. Eine Seele versäumt viele Leben, weil sie unbewusst Versäumtes mit Büßen korrigieren will!«

Jetzt hat Amethyst gesprochen. Der Meister war sehr lange still und hat den Archonten ausreden lassen.

»Der Archont hat sich durch viele Äonen weiterentwickelt. Da du ihm geholfen hast, indem du dein Licht aufrechterhalten hast und er nun seiner Sache müde geworden ist, gehört er nicht mehr zu den dunklen Mächten. Er wurde aus der Chaosmatrix herausgeworfen. Er war selbst ein Meisterwesen, eben in den niederen Welten. Er hat viel von dir gelernt Tashi, und nun wird er seine neue Einweihung erleben. Ich habe ihn aufgenommen, auf dass er durch seine letzte Transformation geschleust werden kann. Seine Existenz in allen sieben niederen Ebenen hört für ihn auf zu existieren. Er wird seine Wirkkraft auf neue Aufgaben ausdehnen können, die mit höheren Lichtqualitäten durchwirkt sind. Seine alte Form ist bereits am Sterben. Glaube mir Tashi, seine Rede war echt. Es ist kein neu erfundenes Hologramm, hinter dem er sich verstecken kann, indem er dir etwas vorspielt. Niemals wäre er hier aufgenommen worden. Niemals hätte er nur ein einziges Wort reden noch Kontakt mit dir oder deiner Sternenfamilie aufnehmen können! Er hätte dich noch nicht mal sehen können, geschweige denn mich. Diese Schleimer leben in dunklen dichten Frequenzen, die absolut keinen Lichtstrahl durchlassen!«

Amethyst drückt Tashi an sich, der noch immer in den herrlichsten Violett-Farben leuchtet. Er schimmert richtiggehend. Die drei Männer schauen sich an, sie sind etwas ratlos. Das hier ist wirklich außergewöhnlich. Aber was, bitte sehr, ist hier *nicht* außergewöhnlich?

»Wenn sich die Gegenkräfte auf gleicher Höhe begegnen, neutralisieren sie sich, sie setzen sich auf null. Yin und Yang Kraft werden eins. Diese Begegnung mit deinem Archonten hat deinen persönlichen Paradigmashift bewirkt, der nun auch auf Planet Erde vollzogen wird! Die Übergabe der Mächte, ein Nullpunkt, wie ihr auf Erden sagen würdet.«

Tashi ist müde und weiß gerade nichts dazu zu sagen. Er ist schlichtweg überfordert. Einerseits ist es ihm eine Ehre, dass sich sogar ein dunkler Schleimer schon seit Äonen an seinem Licht orientiert hat. Aber gleichzeitig ist er seiner Verantwortung bewusst, ihm ein gutes Vorbild zu sein.

Ach, es gurkt ihn wieder mal an. Die ganze Sache mit der Verantwortung!

Er wundert sich gerade, ob auch er noch einem unbewussten Programm folgt, das ihm das Gefühl von Verpflichtung, Verantwortung und Müssen, er müsse eine Sache bestmöglich erledigen, gehorcht. Das Müssen …

Im holographischen Film beginnt sich was zu regen. Die zwölf Tore, die jeweils von schleimigen Archonten bewacht werden, versuchen den rausgeworfenen untreuen Dämon zurückzulotsen. Sie mögen es gar nicht, wenn sich in ihrem Netz etwas entwickelt, das sie nicht kontrollieren können.

Der Archont, der jetzt ausgerissen ist und sich aus ihren Machenschaften gelöst hat, wird von den lichten wie von den dunklen Seiten scharf beobachtet. Und das bereits seit tausenden von Jahren. So einfach kann man nicht aus den Machenschaften aussteigen. Sie haben alle ihre genauen genetischen Programmierungen, wie weit sich ein Teil aus ihrem Kollektiv verändern darf. Dieser Archont hat vor tausenden von Jahren eine Rebellion gegen sie, die gehässigen, tierähnlichen Parasiten und schleimigen dunklen Kräfte, angezettelt, indem er plötzlich sein Denken erweitert hat. Er hat sogar Gefühle entwickelt, die in keinerlei Weise mit den ihren übereinstimmen.

Irgendwo oder durch irgendwas muss er sich mit einem anderen Mischwesen ausgetauscht haben und hat so eine Öffnung gefunden, wie er, zuerst ohne aufzufallen, an seinem eigenen Genprogramm herumfummeln konnte.

Die Wächter der zwölf Tore können ihn nicht mehr sehen, da er seine Frequenzen beträchtlich erhöht hat, aber sie riechen ihn noch. Der Ausgerissene hat noch Überbleibsel in seiner neuen Aura, die etwas verwest riechen. Sein neues Programm bedarf noch weiterer Klärungen.

Der Archont erkennt das alles in einem einzigen Moment. Sofort versucht er, seine Frequenzen weiter zu erhöhen, sodass die dunklen Wächter ihn nicht mehr riechen können.

Tashi staunt, wie schnell der Archont seine Form wechselt und jetzt plötzlich leicht zu schimmern beginnt. Eine ehrliche, aufrichtige Ausstrahlung, man könnte sagen, dass er sich in eine schöne Erscheinung verwandelt. Er ist sehr groß und wohlproportioniert.

Er schaut direkt zu Tashi und zu Amethyst.

»Ich weiß jetzt, wie ich dir helfen kann Tashi, und will vieles wiedergutmachen, indem ich dir helfe, dass die Unterwelt dich nicht mehr angreifen kann. Das ist mein Geschenk an dich, da wir uns gegenseitig über Millionen von Lichtquanten ernährt haben. Nun kann ich dir mein Wissen aus dem Schattenreich weitergeben, ohne dass du dich fürchten musst. Es sind Wissen und Magie, die du mit deinem diamantenen Licht verzaubern wirst. So werde ich vom Fürsten der Dunkelheit zu deinem Lehrling. Du lehrst mich aus den lichten Quellen und ich schenke dir Wissen und Kraft aus den dunklen Machenschaften. Zusammen ergibt sich die Überwindung des menschlichen Genoms und du bist frei, dich im ganzen Universum auszukundschaften. Da du den Mut hattest, die Schattenseiten in dir selbst zu erkennen und zu bereinigen, durch deine eigene Hölle zu reisen, ergänzen wir uns machtvoll. Du wirst keine Angst mehr haben vor deiner eigenen kosmischen Macht!«

Der Archont schweigt. Tashi, Ramosh und der Vater schauen alle auf Amethyst. Man weiß wirklich nicht, ob man ihm Glauben schenken kann. Immerhin ist der Archont ein Meister im Stiften von Illusionen und mentalen Verwirrungen. Er ist ein guter Redner!

Auch auf tolle Versprechungen kann man hereinfallen!

»Amethyst! Am liebsten würde ich schlafen gehen und nichts mehr hören müssen.«

Tashi schaut zurück zum Archonten. Dann wieder zu Amethyst.

»Oh, habe ich gerade ›müssen‹ gesagt? Tja, da haben wir doch schon mein Programm. Was machen wir damit? Ich will nicht mehr müssen müssen. Hat der Archont dieses Programm aufgezeigt? Würdest du mir helfen, das ›Müssen‹ Programm zu löschen?«

»Das, mein lieber wunderbarer Tashi, ist eines der wenigen Siegel, die zur Überwindung noch übrigbleiben. Und ja, du hast es erkannt, es hat mit dem Archonten zu tun. Da die dunklen Machenschaften eigens für die Dunkelheit erschaffen wurden, können sie nicht selber aus ihrem Programm aussteigen. Auch ›dein‹ Archont hat noch Ängste, nun werde ich euch beide in Frieden vereinen, auf dass ihr beide eure Ängste des Müssens, des Sklavenprogramms endgültig verabschieden könnt.«

Ramosh macht große Augen und der Vater zieht beide seine berühmten Augenbrauen hoch.

»Wow, das ist wahrlich ein großer Verdienst Tashi. Wir, deine ganze Sternenfamilie, sind unglaublich stolz auf dich. Und das tust du alles, während du gleichzeitig in deinem Menschenkleid lebst! Das ist bewunderungswürdig, weil sich dein menschlicher Körper durch das Sklavenprogramm hindurcharbeiten muss, um die gespeicherte Erinnerung löschen zu können! Das ist enorm. Dabei würden die meisten Menschen ihren physischen Tod sterben. Du bist wirklich mit großen Kräften ausgestattet worden!«

Der Vater umarmt seinen Sohn, er ist mächtig stolz auf ihn. Ist er doch für sie alle ein Vorbild. Eben eine Meisterseele, die sich unaufhörlich weiterentwickelt.

Amethyst schaut sich seine Auserwählten mit einem zufriedenen Nicken an. Er kennt Tashi schon seit Anbeginn aller Zeiten und weiß, wie stark und unzerbrechlich sein Geist ist. Er schaut seinem Protegé lange in die klaren Augen, dann dehnt er seine Energie noch weiter aus und erklärt:

»Der Archont wird während des Zusammenschlusses in seinem Hologramm verweilen, es ist ihm vor der Reinigung nicht erlaubt, in meine Ebenen einzutreten. Erst wenn ihr zwei großen Meister einander voll akzeptiert und eure Ängste – du die Angst vor der Macht des Dunklen, er die Angst vor dem großen überwältigenden Licht – überwunden habt, steht meine Dimension euch beiden voll und ganz zur Verfügung. Dann werdet ihr beide ein und aus gehen, wie euch beliebt!«

Tashi kann es einfach nicht fassen. Er fühlt, wie eine ungeheure unbeschreibliche Macht bei diesem Zusammenschluss über ihn kommt.

»Es ist zu groß, um es erfassen zu können. Ich kenne mich mit den lichten Ebenen ziemlich gut aus, aber was durch den Archonten auf mich zukommt, ist gigantisch. Er muss wohl extrem willensstark sein, um einen solch langen Weg zu gehen und seine niedere Natur abzulegen zu wollen.«
    Unvermittelt lacht der Vater laut auf.
    »Ja aber Tashi, erkennst du denn deinen Spiegel nicht? Ich beobachte dich, wie mutig du bist. Schon auf dem Regenbogen hast du dich mutig in immer weitere Abenteuer gestürzt. Du bist doch auch willensstark, nur so konntest du unendlich viele Unannehmlichkeiten und Hindernisse überwinden. Dein Archont zeigt dir nur deine eigene Stärke! Ihr seid euch ebenbürtig. Ein gleichwertiges Team! Gratuliere mein Sohn! Er ein Meister der Unterwelt, du ein Meister des Lichts! Nun verschmelzt ihr beide, um ein neues Gleichgewicht zu schaffen. Ungeheure Kräfte werden hier freigesetzt! Das gibt zu reden …!«

Er lacht wieder, weil auch er etwas überwältigt ist, was hier gerade geschieht und dass er mit seinen beiden Söhnen diesen heiligen Moment teilen darf.

»Amethyst, es ist mir eine Ehre hier mit dabei sein zu dürfen. Wir alle werden von diesem Moment profitieren, wo sich die Mächte in diesem Sonnensystem erneuern und vereinen. Eine ganz neue Dimension kann hiermit beginnen. Vielleicht findet die hiesige Galaxie doch einmal noch ihren Frieden?«
    Der Archont ist erfreut, dass er aufgenommen worden ist. Er würde gerne Tashi die Hand reichen, um die neue Freundschaft

zu besiegeln. Er ist aber noch in seinem Hologramm gefangen und Tashi darf nicht aus dem Amethyst Dom.

Der Amethyst Meister lächelt. Er hat die Gedanken der beiden gesehen.

»Kommt mit mir. Dann könnt ihr euch berühren und sehen, wie es sich anfühlt, wenn sich beide Mächte begegnen.«

Der Archont wartet und schaut ihnen zu, wohin sie gehen. Sein Film läuft weiter, während sich die vier mit ihren Wächtern in einen nahestehenden Quarantäne Raum begeben.

»Hier, meine Herren, wird alles erst durch mein Amethyst Licht gereinigt, bevor es für gut und rein befunden wird. Bevor sich irgendetwas weiterbewegt oder sich verändert, bleibt es hier, solange wie es eben dauert. In meinen Ebenen herrschen Stille, Frieden und kein linearer Zeitablauf. Ihr drei sollt in diesen Raum – damit auch du Ramosh und euer Vater – im geschützten Rahmen den Archonten kennenlernen. Ihr werdet mit ihm vertraut werden und von ihm lernen. Nur der Zusammenschluss, der ist allein für Tashi bestimmt.«

Der Quarantänen Raum ist von Gold durchwirkt und wird mit ungeheuren, fast unerträglich starken infravioletten Lichtwellen durchflutet. Ramosh schließt die Augen und der Vater tritt einen Schritt zurück, so stark ist das transformierende Licht.

»Uhhh, das ist doch sehr intensiv!« Tashi musste sich gleich äußern, weil der Raum so viel Macht und pure Transformation ausstrahlt.

Plötzlich erscheint der Archont auf einer Wand, oder eher ein Bild von ihm. Wieder eine Erscheinung, die man mit Menschenworten nicht erklären kann. Er ist da, aber er ist nicht da!

Der Raum ist ein Raum ohne Anfang oder Ende. Es scheint mehr ein Ort reinen Bewusstseins zu sein. Und dennoch hat das Ganze eine Struktur, die aber nicht von festen Grenzen festgelegt ist.

»Tashi, du kannst jetzt auf den Archonten zugehen. Er darf sich noch nicht von seinem Ort wegbewegen. Es ist allein deine

Entscheidung, wie viel Zeit du brauchst oder wie du ihm begegnen möchtest.«

Amethyst tritt zurück, um Tashi ganz seinen eigenen Entscheidungen zu überlassen.

Tashi muss sich erst an die gewaltigen Energien anpassen, bevor er noch tiefer in diesen Raum hineingeht.

Er lässt sich Zeit, schließt die Augen und atmet tief und sehr bewusst. Er versucht alles mit seinen Sinnen wahrzunehmen. Die Größe des Raumes, die Wellenbewegungen des Lichts, der leise monotone Klang, der Geruch – leicht feucht und doch nicht nass. Er fühlt seinen Bruder, den Vater und die überaus mächtige Liebeskraft des Amethystes. Diese Liebeskraft, die über alles Bekannte hinausgeht, schenkt ihm Mut und Frieden, in großer Gelassenheit auf den Archonten zuzugehen.

Er spürt die durchsichtige Plasma Wand, öffnet die Augen und schaut dem physisch größeren Archonten direkt ins Gesicht. Der Archont erschrickt ein wenig. Die Nähe, die Gelassenheit und Mut, den Tashi ausstrahlt, sind einnehmend. Der Archont ist erstaunt, erfreut und überrascht.

Tashi ist beinahe bewegungslos. Er schaut dem Archonten tief, tiefer in die Augen, mustert sein Gesicht, das nur bedingt einem Menschengesicht ähnelt und dennoch schöne Züge zeigt. Der Archont streckt sich, er fühlt neue Selbstsicherheit durch Tashis Gelassenheit und Anerkennung.

Zwei großartige Meister finden sich. In Ruhe lassen sich beide aufeinander ein, indem sie sich wahrnehmen. Telepathisch und in großer Stille tauschen sie sich aus. Tashi lernt eine neue, respektive sehr alte Sprache. Eine Geheimsprache, die nur in den niederen Welten gesprochen wird. Es ist eine Sprache der geheimen Magie und eröffnet einem Tore und Dimensionen. Da schlussendlich das Dunkle aus dem reinen Licht kommt, ist es auch eine Sprache des Lichtes. Weshalb sie jetzt Tashi und der Archont miteinander austauschen, ist Ramosh ein Rätsel. Er versteht die Sprache nicht, da sie nur aus Geheimcodes besteht. Der Vater flüstert leise:

»Es sind die Geheimcodes der DNS! Da sich Licht und Dunkel vereinen, ergibt sich ein neuer Code für eine erweiterte Spezies der Menschenrasse! Es ist ein Geheimnis. Mein Gott Ramosh, ich bin überwältigt!«

Amethyst lächelt und bestätigt mit einem Kopfnicken, dass der Vater richtig erkannt hat. Die Stille ist immer noch enorm.

Die beiden Meister erkennen sich als ein und derselbe. Die Auflösung aller Formen und die Wiedervereinigung verschwundener geistiger Informationen.

Der Archont zeigt unglaublich viel Respekt. Das heißt, er überträgt seine Empfindungen Tashi, der ihn in seine eigene Codierung aufgenommen hat.

Die Transformation ist so ungeheuerlich, dass dem Archonten Tränen leise über die großen edel geformten Wangen rollen. Sowas haben die überraschten Zuschauer noch nicht gesehen! Respektvoll dreht sich der Vater um, das ist selbst für ihn etwas zu viel.

Tashi beginnt wieder von innen heraus zu leuchten. Er erinnert sich an Metatron, den Fürsten aus den lichten Ebenen, der ihn ganz und gar in seinem Licht aufgenommen hat. Er lächelt stumm bei dieser Erinnerung, öffnet die Augen wieder und überträgt dieses reine Licht direkt dem Archonten in die Augen. Der Archont erschrickt, weil diese Kraft und unglaubliche, übergeordnete Liebe alles, was nicht aus der puren Quelle stammt, ausrottet und nicht überleben kann. Langsam streckt Tashi eine Hand dem Archonten entgegen. Der zögert, weil er von dieser Liebeskraft überwältigt ist. Tashi ist nicht nur Licht, er lebt es auch!

Lange schaut er Tashi an und lässt die Übertragung gewähren. Dann hebt er seine entgegengesetzte Hand und reicht sie Tashi, seinem neuen Lichtquell, seinem neuen Zuhause.

Bei der Fusion der beiden Mächte beginnt es zu blitzen, der Raum wird erhellt von großem furiosen Fauchen, Lichtspektakel und goldenem Regen, der alles miteinander verbindet, eine neue Atmosphäre schafft und noch reinigt, was es zu reinigen gibt. Der Lärm, das Fauchen der noch herumschwirrenden lahmen und machtlos gewordenen Parasiten des Archonten werden von den donnernden Blitzlichtern getroffen und zerstört.

Tashi steht wieder mal da wie eine Statue und lässt alles geschehen, ohne sich ablenken zu lassen.

Nur er allein und Amethyst können sehen, wie Shekina sich ihm hilfreich zur Seite stellt. Das weibliche Göttliche unterstützt die heimkehrende Seele.

Niemand sonst achtet sich ihrer gewaltigen Schönheit und Macht.

Shekinas Präsenz ist nur für Eingeweihte sichtbar.

»Woher er das nur hat? Ich kenne den Meister in meinem Sohn gar nicht. Ich habe viel zu wenig Zeit verbracht mit ihm. Langsam erwacht Ehrfurcht in mir für Tashi! Ramosh, hast du deinen Bruder schon mal so mächtig erlebt?«

»Ja Vater, ich bin mit ihm durch Malachit und Moldavit gereist, da war ich ebenso überwältigt über seinen Mut, seine ungeheure Willenskraft und seine Sanftmut. Seine Sanftmut, seine Bescheidenheit scheinen seine unzerbrechliche Kraft zu sein. Ich habe ihn bewundert und war unglaublich stolz auf ihn. Ich konnte damals nicht mehr zuschauen, wie er gelitten und vor Schmerzen geschrien hat. Kaum war seine Reinigung zu Ende, war er bereits wieder guten Mutes. Einfach vorbildlich und bewunderungswürdig.«

Ramosh möchte jetzt nicht reden, er möchte dieser Fusion still zuschauen. Er deutet seinem Vater, er möge schweigen.

Man kann zusehen, wie schnell sich der Archont verändert. Er wird weicher in seiner ganzen Struktur, Licht beginnt sich aus seinen Energiezentren zu entwickeln und sein Gesicht wird immer schöner. Die Parasiten verenden, einer nach dem anderen. Sein ganzes Programm wird auf eine neue Stufe erhoben und tot geglaubte Zellen aktiviert. Seine Gesichtszüge werden geglättet, ein sanftes Lächeln formt sich, die Tränen rinnen unaufhörlich und nun werden auch Gefühle sichtbar. Tashi übermittelt weiter, die Blitze werden harmonischer. Amethyst wird jetzt aktiv und reinigt die Parasiten aus dem ganzen Raum. Das Wasser so wie das Feuer reinigen alles sie Umgebende, alles Niedrige, das sich erlöst hat. Meister Amethyst schlägt mit seinem Lichtstrahl die letzten Fetzen und Überbleibsel menschlicher schlackiger Programme weg.

Ramosh und der Vater haben sich hingesetzt, um Tashi und Amethyst mit großem Respekt zuzuschauen. Tashis Wächter stehen stark und unglaublich aufrecht und leuchtend neben ihm. Sie sind ein Bild großer Kraft und Beharrlichkeit. Natürlich haben sie Shekina auch gesehen. Aber niemand erwähnt etwas, da Tashi ganz in seiner Übertragung absorbiert ist. Ihre Gegenwart und stille Hilfe werden mit großer Dankbarkeit angenommen.

Nach längerer Zeit dieses Spektakels der Reinigung und Fusion der polaren Kräfte ebben die Blitze und das Fauchen ab. Die mächtigen Wirbel der Reinigung werden ruhiger und allmählich verblassen die aufbrausenden Geräusche. Nga und Waka entspannen sich und stellen sich nun zwischen die Kräfte. Der Archont ist um vieles geschrumpft, seine demonstrative Autorität ist verblasst und die Augen haben jetzt einen friedlichen, beinahe erlösenden Ausdruck angenommen. Tashi schaut ihm weiterhin direkt in die Augen. Vor dieser Lichtkraft musste sich sogar das Dunkle verneigen!

Noch immer steht der Archont im Quarantäne Raum abgetrennt von Tashis Wirklichkeit. Der muss erst ein weiteres Mal beweisen, ob er es nun wahrhaftig geschafft hat, alle seine Unvollkommenheiten loszuwerden, um der Amethyst Dimension würdig zu sein.

Nachdem etwas Ruhe eingekehrt ist, trotz Trennung, nimmt der Archont Tashis beide Hände in die seinen, scharf bewacht von Nga und Waka.

»Ich bedanke mich für deinen unglaublichen Mut Tashi und dein Vertrauen, mich mit deinem diamantenen Licht zu versöhnen. Nun darf auch für mich ein neuer Äon beginnen, wo ich nicht nur zu deinen Diensten zur Verfügung stehe. Ich werde auch meinen Unterwelten weiterhelfen können, da ich mich dort ja bestens auskenne. In deinem Licht, Tashi, kann ich mich weiterentwickeln und den Versuchungen der Zerstörung und Gräueltaten widerstehen. Es ist ein morbides Vergnügen, im Programm der Zerstörung und Gewalt zu funktionieren. Dieses Programm ist ein Opferprogramm, in dem man sich selbst sein eigenes Unvermögen immer wieder beweisen kann!

Man ist sein eigenes Gericht, man wird von niemandem gerichtet, niemals. Man muss sich selber verzeihen. Das war das Schwerste für mich Tashi. Ich habe mich selber verurteilt, weil ich mir die Gräueltaten, die ich über die Äonen getan habe, nicht selber verzeihen konnte. Ich habe mich meiner geschämt und mich endlos schuldig gefühlt. Nun darf ich endlich frei sein, Frieden finden und meine Seele für die lichten Dimensionen öffnen. Ich bedanke mich Tashi und Meister Amethyst, mir diese Güte und Reife zukommen zu lassen.«

Amethyst lächelt den Archonten zu und umhüllt Tashi mit seiner lichten Kraft.

»Tashi, es ist Zeit, dich vom Archonten zu lösen. Du wirst nun in meine Mysterien eingeführt. Ein Zeremoniell, in dem ich dich mit meinem Wissen, deiner chemischen menschlichen Struktur verbinde und wir von nun an wieder als Einheit, als Eins, den weiteren Weg zusammen gehen werden. Die illusionäre Trennung wird endlich überwunden und geheilt.«

Dem Archonten werden ebenfalls zwei Wächter aus dem Licht zugewiesen. Er wird sich bestimmt erst daran gewöhnen müssen, denn von nun an wird er in Harmonie und nicht als Einzelentscheider seinen weiteren Weg gehen. Seine neuen Wächter sind wie klare Säulen, die auf Erden und im Chaos-Zustand nicht wahrgenommen werden können. Erst wenn er mit seinen lichten Wächtern zusammengeschmolzen ist, hat er den Übergang vom Tod des niederen Seins in die erweiterten Ebenen überwunden.

Sanft lösen sich die beiden, Tashi und der Archont, voneinander. Der Archont kann jetzt Tashi auch tief in die herrlich goldenen Augen schauen, ohne sich zu schämen oder vor dessen Kraft zu ducken. Sie lächeln sich entgegen und der Archont bedankt sich ein weiteres Mal. Er wird von seinen neuen Wächtern abgeholt. Sanft schiebt sich eine von Licht und Strahlen durchflutete Wand von oben nach unten zwischen Tashi und den Archonten.

Meister Amethyst fasst Tashi an den Händen. Zusammen schweben sie dem herrlichen Tisch, immer noch beladen mit kleinen Häppchen, sowie Vater und Ramosh entgegen, die auf sie gewartet haben. Pixie ist aus ihrer Trance mit dem Kristall zurückgekehrt und ihr altes, übliche schmeichelnde Lächeln ist auf Ramosh gerichtet.

Müde, aber freudig begrüßt Tashi die Wartenden, setzt sich zu ihnen und schnappt sich ein Häppchen, um die neue Struktur in seiner Synapse zu unterstützen. Pixie schwebt leise und unauffällig zurück an ihren Lieblingsplatz, Tashis Haarschopf.

»Tashi, das war wieder einmal unglaublich. Woher nimmst du nur diesen Mut, diese Gelassenheit und Kraft, dich immer neuen Einweihungen auszusetzen? Wir sind erstaunt. Wir sind stolz und tun alles, um dir irgendwie behilflich zu sein. Lass uns wissen, was wir für dich tun können!«

Tashi seufzt und lächelt müde, schaut sich seine Freunde und Familie genau an. Er ist noch so eingebunden in sein Erlebnis, dass er nicht reden mag. Langsam und bedächtig kaut er auf seinem Häppchen herum. Er sieht ganz anders aus, Ramosh beobachtet seinen kleinen Bruder, der alles andere als klein ist. Tashi leuchtet leicht Lavendel farbig und ist irgendwie noch gar nicht richtig anwesend.

»Amethyst«, fragt Ramosh leise, »ist das nicht alles zu viel für meinen Bruder?«

Amethyst nimmt ihn leicht zur Seite.

»Dein Bruder ist ein Teil meiner selbst. Er ist jetzt bereit, sich ganz mit diesem Aspekt zu versöhnen, damit die Spaltung und Zersplitterung ein Ende haben. Nach der letzten Einweihung, die ich ihm noch schenke, wird er Ruhe finden und seine Reisen mit dem Edelsteinbewusstsein werden leichter werden. Das Edelsteinwissen, ihr uraltes edle Wesen wird sich ihm auf ganz neue Weise offenbaren. Aber bevor er in den nächsten Zyklus aufgenommen werden kann, musste er den Archonten überwinden. Mache dir keine weiteren Sorgen, er wird sich sehr schnell erholen und nach der letzten Verschmelzung wirst du ihn kaum wiedererkennen. Er wird dir immer ähnlicher werden. Strotzend vor Kraft und Abenteuerlust. Tashi wird wohl immer eher bescheiden bleiben, das gehört nun mal zu ihm. Aber seine Scheuheit wird er überwinden und voll und ganz zu sich stehen können in seinem Anderssein. Tashi wird sich in seinem eigenen Kraftfeld entfalten und ausdehnen. Du wirst noch staunen Ramosh.«

»Tja, das tue ich eigentlich schon länger. Ich lerne meinen nicht so kleinen Bruder erst jetzt richtig kennen. Unglaublich. Danke Amethyst, dass du gut über ihn wachst und ihn weiterhin beschützt.«

Amethyst legt den Arm um den besorgten Ramosh und begleitet ihn zurück zum Tisch. Tashi schaut nur kurz auf und nimmt es zur Kenntnis, sonst reagiert er nicht groß.

Tashis Vater ist leicht überfordert mit seinem jüngeren Sohn. Er schaut ihn immer wieder an und auch er spürt, dass er noch nicht ganz bei ihnen angekommen ist. Leicht berührt der Vater Tashis Rücken und streichelt ihn geistesabwesend.

Ebenso geistesabwesend, immer wieder den Kopf schüttelnd über das Gesehene, führt er sich noch einige Häppchen zu Gemüte.

Amethyst lässt nun den nächsten Schritt verlauten.

»Ich werde mich in einem kurzen Ritual, in dem ich Tashi das letzte Siegel öffne, zusammenfinden. Derweilen hättet ihr beide Lust, zurück zu Ashtars Mutterschiff gebracht zu werden, um euch dort noch ein wenig umzusehen? Nach dem Ritual werde ich Tashi persönlich zurück zu Ashtars Brücke bringen.«

Der Vater und Ramosh schauen sich überrascht an. Beide antworten zur gleichen Zeit.

»Oh, es wäre uns eine Ehre, ein wenig von des Commanders Technik und Weisheit zu lernen. Ja, wir würden uns sehr darüber freuen!«

Ramosh hat plötzlich einen Gedanken und wendet sich Tashi entgegen.

»Was meinst du? Wünschst du unsere Gegenwart während des Rituals oder wäre das in Ordnung, wenn wir auf dem Schiff auf dich warten?«

Tashi verhält sich sehr still und verarbeitet immer noch, was gerade geschehen ist. Das Erlebnis war intensiv und er fühlt sich ziemlich spaced out und etwas verwirrt. Neue Kräfte haben sich eröffnet und so einiges hat sich neuarrangiert. Sein Schädel fühlt sich wieder mal, wie so oft nach einer Einweihung, seltsam schwammig an. Müde, aber mit einem Lächeln nickt er den beiden zu.

»Nein Ramosh, ich treffe mich mit euch, wenn ich hier fertig bin. Danach werde ich mich bei Ashtar auf dem Schiff noch etwas ausruhen, um mich zu sammeln, bevor ich wieder zum Kraftort zurückkehre. Geht nur und lasst Ashtar von mir grüßen!«

Meister Amethyst ruft telepathisch dasselbe Wesen, welches bereits vorher anwesend war, um Nga und Tashi in den Ruheraum zu begleiten. Ramosh und der Vater umarmen Tashi innig und voller Stolz. Ramosh klopft ihm immer wieder liebevoll auf den Rücken und bekundet sein Staunen.

»Mein kleiner großer Bruder! Du bist unglaublich. Ich bin einfach stolz auf dich! Wir sehen uns ja gleich wieder, ja? Dann noch viel Spaß bei deinem weiteren Geschehen.«

Und damit verabschieden sich die zwei ungleichen Brüder und ihr Vater. Das stille schwebende und fürsorgliche Wesen führt die beiden noch einmal durch den Dom, den sie wieder voller Bewunderung bestaunen und wobei sie die herrliche Atmosphäre tief einatmen, bevor sie durch ein weiteres Portal zu einer Lichtsäule geführt werden, die sie vom Amethyst Dom direkt mit Ashtars Schiff verbindet.

Dort werden sie vom Commander freundlich begrüßt, der sie bereits erwartet hat.

Ashtar führt die beiden Neugierigen umher, er nimmt sich Zeit, um ihnen die nanotechnischen Details im Steuerraum vorzuführen.

Der Vater ist hin und weg, die Technik, die mentale geistige Verbindung vom Commander zu seinem Team und seinem gigantischen Raumschiff faszinieren ihn. Alle sind ein Teil der Bewusstheit des Schiffes. Auch Ramosh und Vater schmelzen teilweise durch ihre Gegenwart mit dieser Bewusstheit zusammen.

»Mein Schiff ist eine eigene Dimension, viel mehr als nur ein schwebendes Gefährt. Wir steuern es mit unserer Zellmembrane. Eine biologische Harmonie von Wesen und die übernatürliche, ebenfalls biologische Kristall- und Frequenz betriebenen Technologien.

Das Schiff ist durch eine Frequenzsperre unsichtbar. Man kann uns im Universum nicht erkennen!«

Ashtar schmunzelt bei dieser Aussage und führt die beiden überraschten Männer durch sein Reich.

Während Ramosh und Vater von Ashtar herumgeführt werden, nimmt sich der Amethyst Meister Zeit für seinen Schützling, der noch immer in seinem Departement verweilt.

»Tashi, nun kommt das Beste! Wie ich dir bereits auf dem Regenbogen erzählt habe, bist du durch endlose unendliche Zyklen gegangen, um dich selbst zu erfahren. Nun bist du zu mir, zu uns, zurückgekehrt. Ich aktiviere meine Erinnerung wieder in deinen schlafenden Zellen. Deine Stammzellen werden sich freuen und ein Fest der Wiederentdeckung feiern! Dein ganzes Wesen, also auch dein menschlicher Ausdruck werden sich dadurch verändern und du erwachst ganz und gar in ein neues Dasein. Da ich in dir aktiviert werde, in deinem eigenen System, reise ich sozusagen netzwerkmäßig mit meinem Programm zurück zur Erde. Mit dir! Dann entfaltest du deinen Plan, deine Ur-Bestimmung. So klärt sich der Sinn deiner Reise ins Schattenland! Ich, also das sogenannte Formlose, nehme nun Form an, dein Bewusstsein wird sich seiner Existenz bewusst!

Eine neue Ausgeglichenheit und Einheit der Dualität werden sich dir offenbaren. Alles wird neu sein, alles wird sich zu deinen Gunsten verändern. Vertraue mir!«

Pixie zupft ganz sanft an Tashis Haaren, weil sie seine Zweifel spüren kann. Tashi mag nämlich Versprechungen nicht, weil man so leicht über sie stolpern kann. So viele gut gemeinte Versprechungen wurden nie eingehalten. Er selber hat es sich vorgenommen, nie irgendjemandem irgendein Versprechen zu geben. Hingegen die, die er sich selber gegeben hat, einzuhalten!

Leise singt Pixie eine Melodie, die in Menschenworten so ungefähr sagen würde: »Na, na, na, ich hab's dir doch gesagt! Nicht intellektualisieren, nicht analysieren. Fließen lassen. Alles ist gut!« Amethyst zwinkert ihr ohne Worte zu. Die beiden verstehen sich.

Tashi schmunzelt, mag aber nicht reden, er nickt anerkennend mit dem Kopf.

Alles, was Amethyst sagt, ist ihm bereits irgendwie vertraut. Er erinnert sich auch an Magentas Worte auf dem Regenbogen:

»Aus der Stille werden Dinge geboren ...«

So erscheint es ihm gerade. Er möchte sich der Stille, dem Neuwerden hingeben. Er ist tatsächlich volles Vertrauen und lässt Amethyst gewähren. Er braucht nichts zu sagen oder zu erklären, denn Amethyst hört seine Gedanken.

Amethyst schenkt ihm einen Drink ein, voller Licht, voller Klarheit, voller Mysterien. Tashi schaut den Meister an, lächelt gelöst und bedankt sich.

Während er den leichten Drink auf sich wirken lässt, erzählt ihm Meister Amethyst die Geschichte mit der violetten und purpurnen Farbe.

»Als wir vor langer, langer Zeit den violetten Farbstrahl zurück zur Erde schickten, begann die Zeit der Religionen. Nun ist unser Farbstrahl auch in der ›Spirituellen Szene‹ auf Erden modern geworden. Unser Strahl war vor vielen tausenden von linearen Zeiten bereits auf Erden. Aber damals war er für eine genetische Bewusstseinserweiterung zuständig, die auch mit der chemischen Zusammensetzung, also der Erschaffung meines Kristalls, zusammenhängt. Das Grundelement beinahe aller Quarzqualitäten ist Silizium. Das Eisen, das unter anderem auch in meiner Struktur zu finden ist, schenkt mir die wunderbare Farbe, die dich so begeistert. Eigentlich nicht nur dich, sondern viele Menschen lieben meine Farbe. Das Eisen hat mit der genetischen Information in der DNS zu tun. Meine Wesenheit, wie du ja bereits weißt, reinigt alte Strukturen, löst niedere Bewusstsein auf und transformiert und transzendiert die Polarität zurück in das Einheitsbewusstsein. Unsere Macht wurde missbraucht, verunstaltet und als Führungsmacht für die lichten Ebenen gewaltig verbogen. Das Wesen des Amethystes ist der Hüter eines neuen Zusammenschlusses, oder einer Bewusstseinserweiterung, wie du ihn gerade selbst erlebt hast. Zurzeit bewältigt das Kollektiv diesen sogenannten Nullpunkt oder auch die dunkle Nacht der Seele. Die Erde, die Menschen werden durch ebendiesen Prozess geschleust.«

Amethyst pausiert, um sich zu vergewissern, dass Tashi überhaupt noch mehr Wissen aufnehmen kann. Tashi bemerkt den Unterbruch und schaut Amethyst an. Die beiden nicken sich verständnisvoll zu, dann erzählt Amethyst weiter.

»Meine Macht wirkt erneut auf Planet Erde, um die alten Geheimnisse an die Öffentlichkeit zu bringen und Missstände zu beenden. Wir bringen läuternde Energie und helfen den Menschen in eine neue geistige Freiheit und Erkenntnis. Das geht leider nicht ohne Transformation. Frequenzsperren, die von den Archonten gestaltet wurden, werden für die, die es erkennen, aufgelöst. Es ist ein Kampf der Mächte, auch der persönlichen inneren Mächte, die jetzt auf Planet Erde stattfinden! Unsere Amethyst Kraft wirkt immer stärker aus unseren Depots tief in der Erde. Das wird extremen Umbruch auf allen Ebenen auslösen! Die eisernen Ketten lösen sich allmählich auf!

Wasser aus allen erdenklichen innerplanetarischen Quellen drängt sich an die Oberfläche des Planeten sowie Feuer, das sich an vielen Orten ausdehnen wird, reinigt den Schlamassel, der sich über tausende von Jahren gebildet hat.«

Amethyst bemerkt, dass Tashis Lichtdrink langsam zu wirken beginnt. Er ist entspannt, ganz klar und bereit für den Zusammenschluss.

»Möchtest du dich hinlegen Tashi? Du brauchst gar nichts zu tun. Erlaube dir die Hingabe an die absolut geistige durchdringende Liebe der Shekina, die ich in dir aktiviere.«

In Gedanken bejaht Tashi die Frage, er würde gerne liegen, lieber noch würde er schlafen.

Amethyst lächelt, weil er die Gedanken hören konnte.

Er hält Tashi seine Hand hin, um ihm aufzuhelfen und ihn zu einer herrlichen Liege zu bringen, die direkt vor seinen Augen entsteht. Wieder, wie bereits beim Smörgåsbord, ganz nach dem Motto: Dein Wunsch sei mir Befehl. Die Manifestationskraft von Amethyst in Action!

Tashi schaut sich um und muss wirklich lachen. Wenn das immer so schnell ginge … Aber vielleicht wäre das gar nicht so gut. Man muss vorsichtig sein, was man sich wünscht. Es könnte sich erfüllen …

Tashi legt sich auf die federweiche Liege.

Pixie schwebt schwerelos und leise aus dem Haarschopf in Tashis Arme und kuschelt sich gemütlich bei ihm ein.

Die Liege ist mit vielen herrlich duftenden Kissen bestückt. Die Farben der Kissen passen sich augenblicklich den Wünschen an. Man denkt sich eine Farbe und schon ist sie da. Meister Amethyst lässt Tashi ausprobieren, der erfreut sich der verschiedenen Düfte, den changierenden Farben und genießt sie mit Wonne.

Blume des Lebens

Er beobachtet, wie sich auf einem größeren Kissen plötzlich geometrische Muster formen. Das Kissen färbt sich in vielen verschiedenen Magenta Farbschattierungen und auf einmal wird die wunderschöne Blume des Lebens sichtbar. Erstaunt beobachtet er das Spektakel und ist überaus erfreut über ihre Schönheit und dass sie ihn hier besucht. Ist er ihr doch bereits auf dem Regenbogen begegnet. Sie war so unglaublich freundlich zu ihm und hat ihn in ihrer vollkommenen Schönheit aufgenommen, als er müde war und nur noch schlafen wollte. Und jetzt ist sie wieder da. Er ist entzückt, schaut auf Amethyst und zurück zum Kissen, das jetzt ganz lebendig wird. Er berührt das Kissen, streicht sanft darüber, während die verschiedenen Farblichter mit seinen Händen und den gespreizten Fingern spielen. In seiner spielerischen Freude und Überraschung erscheint Shekina wieder. So nahe in seinem Feld hat er sie noch nie gesehen. Er bleibt wie hypnotisiert in seinen Bewegungen inne. Sie lächelt strahlend, nickt ihm, Pixie, seinen Wächtern Nga und Waka sowie Meister Amethyst freundlich zu. Sie schaut Tashi liebevoll an. Ihre Präsenz erinnert ihn stark an die Undine auf dem Regenbogen. Ihre Gegenwart ist überwältigend, ihre Schönheit schlichtweg nicht zu beschreiben. Da gibt's nichts mehr zu sagen. Nur noch zu staunen.

Die Blume des Lebens und nun auch noch Shekina. Wo bin ich nur? denkt er sich, aber die Frage erledigt sich von selbst, sowas kann man nicht beantworten und schon gar nicht rationalisieren!

Tashi und seine Wächter betrachten die Situation. Hier also die großartige Blume des Lebens auf der kuschligen großen einladenden Liege, da die Herrlichkeit Shekinas und auf der anderen Seite von ihnen Amethyst, der das große Staunen seiner Besucher sichtlich genießt.

Die Blume des Lebens fächelt ihm zu, Pixie beginnt mit den bezaubernden, beinahe transparenten Blütenblättern einen Feentanz.

Tashi ist zutiefst beeindruckt über diese Leichtigkeit und den nicht zu beschreibenden Liebreiz und die Grazie. Das Herz wird ihm durch und durch ausgeleuchtet bei so viel Schönheit.

Er lässt sich völlig verzaubern von den beiden. Er lernt, dass die Blume des Lebens immer in Schlüsselmomenten in Erscheinung tritt und ihn absolut unterstützt. Er schmunzelt, tiefer innerer Frieden und Freude breiten sich in ihm aus. Auch wenn seine Reise kein Zuckerschlecken ist, ist sie es dennoch mehr als wert. Je tiefer man den Mut hat in die dunklen Schichten der Existenz zu forschen, umso höher und tiefer die Erkenntnisse und Erlösungen in die transparenten, lichten Gegenwarten!

Leise flüstert er der strahlenden Blume des Lebens zu:

»Manchmal überrasche ich mich selbst mit meiner Abenteuerlust und meinem Mut! Ich könnte es mir doch oftmals auch leichter machen, nicht wahr?«

Die Blume des Lebens antwortet ihm in ihrer eigenen Art, sie verändert die Muster auf dem Kissen in die allerschönsten und schillerndsten Formen, die einer eigenen Lichtsprache ähneln und so Tashis Energiefeld neu aufrichtet und erfrischt. Die Formen verändern sich so schnell, dass nun auch Pixie das eine oder andere Mal über sich selber lachen muss, weil sie kaum mithalten kann mit ihrem fröhlichen Tanzen und den schnellen Formatierungen der Blume. Die beiden spielen miteinander, um Tashi zu vitalisieren und zu erfreuen. Tashi lacht mit Pixie, er ist so dankbar über diese neue Leichtigkeit nach der Schwere und dem Zusammenschluss mit dem Archonten.

Nach geraumer Weile meldet sich Meister Amethyst, setzt sich neben Tashi und spricht entspannt und ohne abzulenken mitten in dieses unterhaltsame Spektakel.

Er fordert Pixie auf weiter zu tanzen, damit die Leichtigkeit bestehen bleibt.

»Also mein Junge, das mit dem Eisen. Das ist eben so eine Sache. Eisen versinnbildlicht auch das Gefangensein, die Unterdrückung der lichten Entfaltung, die das Ziel jeder Seele ist. Die meisten Seelen, die sich abgespalten haben, erfahren diese psychologische, intuitive, geistige und sehr oft auch körperliche Gefangenschaft in irgendwelcher Form. Durch den Archonten, den du nach so langer Zeit hast befreien können, wird nun endlich auch die geistige lichtvolle Gefangenschaft aus ihren eisernen Ketten befreit. Dann bist du, wie ich es dir versprochen habe, völlig frei und brauchst dich nicht mehr in den Zwischenwelten der Polaritäten zu behaupten. Du hast jetzt diesen Kampf beendet und die geistige sowie die materielle Freiheit stehen dir zur absoluten Verfügung. Du wirst weder das eine noch das andere missbrauchen. Glaube mir, auch geistig hochstehende Seelen haben ihre Macht missbraucht, deshalb erzähle ich dir das, weil es mit meiner Farbe und meinem Wesen des Amethystes zu tun hat. Das Eisen ist tief in der Erdkruste wiederzufinden, deshalb wurde in der DNS Eisen eingefügt, auf dass die Menschen ihr Zuhause auf Erden aufbauen können. Es ist wie eine magnetische Formel, die sich gegenseitig anzieht. Natürlich gibt es viele weitere Mineralien, aber ich möchte hier nur das Eisen erwähnen, weil es so wichtig ist für die Auflösung alter Geschichten. Eisen gehört auch zu den häufig gebrauchten Folterinstrumenten, von denen noch viele Menschen Erinnerungen in ihrer Psyche sowie in ihrem Körper gespeichert haben. Aber ich, Amethyst, helfe, diese Gräueltaten, wie der Archont bereits erwähnt hat, aufzulösen und die kollektive Befreiung lichter Seelen voranzutreiben. So dürfen sich verkrustete Traumata und negative Erinnerungen durch meine Hilfe erlösen.«

Tashi hat still hingehört, das macht alles so viel Sinn. Gebannt beobachtet er, wie aus Pixies Tanz eine sanfte heilende Melodie entsteht. Die hellen strahlenden Farben der Blume des Lebens umhüllen ihn nun ganz.

Es eröffnet ihm Bilder, in denen er sieht, wie sich sehr, sehr alte Eisenketten plötzlich sprengen und die einzelnen schweren schwarzen dicken Glieder in der Kette auflösen. Eines nach dem anderen. Er sieht nur das dicke schwarze Eisen, nichts außer diesen gewichtigen Ketten. Die Bilder sind fast nur in dunklem Grau bis schwarzen Farben zu sehen. Es führt ihn tief in das Mittelalter und noch tiefer in ganz andere Zeitlinien, in denen die Menschen wie Affen und seelenlose Arbeiter behandelt wurden.

Trotz Pixies Tanzen hält er mit seinen Händen Ausschau nach Nga und Waka, er braucht dringend ihre Unterstützung. Was er hier sieht, ist ihm so vertraut und doch mag er sich nicht bewusst an solch schreckliche Begebenheiten erinnern. Eigentlich ist er ganz froh darüber. Hauptsache, er darf diese fürchterliche Programmierung in seiner Zellstruktur loslassen.

Nach geraumer Weile schwächen sich die Bilder ab und die Blume des Lebens spielt wieder mit ihren schimmernden Farben. Man hört, wie Tashi tief ausatmet, er ist froh, dass diese Schattenbilder so schnell zu Ende sind.

Das Kissen ist wieder ganz es selbst, ein magisches Regenbogenkissen, das ihm seine Lieblingsfarben auffächert, begleitet von herrlicher melodiöser sanfter Musik, die wie Nahrung nach den dunklen Bildern wirkt. Genau das Richtige nach diesem kurzen Erinnerungstrip. Die Blume des Lebens lächelt ihn freundlich an. Er atmet noch einmal tief aus, ziemlich laut, so richtig befreiend.

Pixie bleibt auf dem Regenbogenkissen sitzen, einige wenige transparente Blütenblätter, die sich noch nicht zurückgezogen haben, fächeln um Pixie herum, um sie nach diesem Trauma-Heiltanz zu erfrischen. Pixie schließt ihre großen Augen und genießt die Symbiose mit der Blume des Lebens.

Shekinas Stimme ist nun mitten in diesen herrlichen Klängen zu hören.

»Ich bin das Kleid, welches das ursprüngliche Licht beinhaltet. Ich bin das Licht schlichtweg. Meine Gegenwart soll deine eigene Schönheit des Lichtes wieder entfachen. Du sollst dich wieder erinnern, woher du kommst, weshalb du bist und warum es so wichtig ist, dich ganz und gar zu entfalten. In jeder noch so kleinen Entfaltung bringst du mein Licht zum Vorschein, in deinem Handeln, das du nach mir ausrichtest, bringst du mich zum Strahlen. Denn ich bin das göttlich-weiblich-männliche in allen Schöpfungen, seien sie noch so klein. Ich schenke dir meinen Atem, auf dass er dich durch dein Menschsein trage, ich schenke dir meine Erinnerung, auf dass du wieder Du wirst. Indem du *Du* wirst, wirst du *Mich*. Und so wirke ich durch jeden Einzelnen, schenke Fülle, Heil und Ganzheit. Ich bin die Quelle, der Ursprung, welcher Schönheit erschafft, fortwährend!

Ich bringe Dinge zusammen, das Licht, das alles durchdringt. Die Liebe, die alles Getrennte wieder zusammenfügt. Ich bin Shekina, ich erneure den Geist in der Materie. Ich bin die Macht des lebendigen Lichtes, meine lichte Natur, mein Königreich soll durch dich sichtbar werden.«

Die Musik der Blume des Lebens wird lauter, nachdem Shekina ihren Gesang beendet hat. Die starken luminösen Schwingungen, die sie aussendet, umhüllen das Amethyst Reich. Trotz Musik und ihrer aller Gegenwart ist es beinahe außergewöhnlich still. Nichts Überflüssiges, kein Gedanke zu viel oder unnötig, keine Worte, die hier keinen Sinn ergeben, keine Ablenkung. Die Auflösung jegliches Geringeren und Überflüssigen, das nicht die reine Intelligenz aus dem Reich von Shekina ist.

Die Musik aus dem Kissen, die von der herrlichen Blume des Lebens ausgesendet wird, wird zunehmend fröhlicher. Tashis Wächter beginnen sich zu regen, kaum merklich, aber genügend, um Tashi aus seiner Verzauberung zu lösen. Er wird diesen Zauber mit in sein Menschendasein nehmen und dort versuchen, diesen in seinen Alltag zu integrieren.

Die Verschmelzung und der Zusammenschluss dieser unglaublichen Liebe, der Ausdruck reinen Lichtes, füllen seine Zellen und umgeben ihn voll und ganz.

Amethyst hält den Arm um Tashi und schaut ihm direkt in die noch etwas verschleierten Augen.

»Wenn du wieder zurück in deinem Erdenkleid bist, wirst du dein diamantenes Licht leuchten lassen, ohne Angst, ohne Beurteilung. Ich werde durch dich leuchten, so wie es dir immer wieder auf dem Regenbogen gezeigt wurde. Das Leuchten aus den Kraftfeldern der Shekina Quelle und aus der Ur-Sonne. Ohne die Kenntnisse aus der Unterwelt kann eine Seele nicht aufsteigen. Sie muss alle Zyklen durchlaufen haben. Nun hast du diesen Teil deiner Reise abgeschlossen und beginnst eine neue Runde in unserer Einheit.

Durch die Öffnung der sieben Siegel stehen dir galaktisches und universelles Wissen zur Verfügung! Eine große Verantwortung, die du in dein Menschenkleid trägst. Du trägst das Programm der höher entwickelten Menschenspezies bereits in dir und wirst es entfalten. Ich freue mich, mit dir zur Erde zu reisen und dir zu helfen bzw. dich zu unterstützen. Endlich hast du mich akzeptiert, mein Teil, der nie in den Zyklus eingestiegen ist! Dieser Teil bist du! Du und ich, wir sind EINE Seele. Jede Seele hat ihren Ursprung irgendwo und muss ihn dermaleinst wiederfinden. Ansonsten hört das Sehnen nie auf.«

Er betrachtet seinen Protegé nachdenklich, dann ergänzt er um das Verständnis willen:

»Wie dein Zwilling Amethyst Edelstein von Ashtar, beide wachsen aus einem Zentrum, aber entwickelten sich in unterschiedliche Richtungen. Und dennoch, alles führt unweigerlich immer wieder ins Zentrum zurück.«

Tashi nickt und findet endlich seinen Atem wieder, er spürt sich auf einer ganz neuen Bewusstseinsebene. Er schaut sich nach Nga und Waka um, sieht direkt zu Shekina, die so traumhaft schön ist, dass es mit keinem Wort je zu erklären wäre. Liebevoll streicht er mit seinen Händen wieder über das melodiöse große Kissen, das immer noch in allen möglichen Farben schimmert. Sanft berührt er Pixies Füße, ihre Augen sind immer noch genießerisch geschlossen, Tashi lächelt entzückt, ohne etwas zu sagen. Er erlaubt sich, noch stärker zu fühlen, was Worte nie ausdrücken könnten. Er lässt sich auf sein neuausgerichtetes Selbst ein, das sich stark und selbstbestimmend anfühlt.

Alte Gedankenmuster, alte Gefühlsmuster, alte Vorstellungen haben sich in ihrer Grundstruktur gelöst, damit sie im Licht erlöst werden. Tashi weiß jetzt weder, was er damit anfangen soll, wie sich das neue, vereinigte Selbst in der Menschenwelt ausdrücken wird, noch wie er es anwenden soll. Aber das wird sich alles zur richtigen Zeit entfalten. Darauf hat er gelernt zu vertrauen.

Shekina betrachtet Tashi, der sich wiederum ganz von ihrer Schönheit beindrucken lässt. Es scheint wie ein Liebesaustausch der höchsten Ebenen zu sein. Eine großartige Verschmelzung, die die kleinste Atomstruktur erreicht.

Er überlässt sich ihrem Quell des Lichts und der Liebe, die sich Agape nennt. Diese Szene erinnert an die Einweihung der Kristallköpfe, denen er auf dem Regenbogen begegnet ist.

Alles begegnet sich immer wieder auf einer neuen Ebene der Spirale, die sich ewiges Leben nennt. Die umherwandernde Seele, die ihre Heimat endlich wiederfindet. Der Anfang hat das Ende geboren, und das Ende trägt bereits den Samen für einen Neubeginn in sich!

Tashi beginnt zu kichern, ein Grinsen, das tief aus seinem innersten Wesen kommt. Es blubbert wie Champagnerblasen, die sich nach langer Gefangenschaft endlich Luft verschaffen und in die Höhe steigen. Dann beginnt er zu lachen, leise erst, er möchte ja nicht unhöflich erscheinen. Aber die Freude wird übergroß, die Erleichterung übermannt ihn und nun lacht er freudig und frei, streckt seine Arme fröhlich nach oben. Shekina überträgt ihre Energien weiter und lächelt ihn an, sie weiß, wie ihm zumute ist. Die Nähe der absoluten, selbstlosen, alles befreienden Liebe zu spüren und sie zu integrieren, und erst noch in ihr aufgenommen zu werden, ist wieder etwas, das mit keinem Wort erklärt werden kann.

Die Agape, die an nichts gebunden ist, der Lebensstrom, der unaufhörlich und ewig alles in seinen kraftvollen Fluss einbindet.

Die Nähe, die Einheit, die erst dann erfahrbar wird, wenn alles losgelassen wurde. Jegliche Erwartung, jegliches niedere menschliche Denken und Fühlen dürfen ihren Frieden finden.

Es ist das Ende des Kampfes und gleichzeitig Neubeginn eines neuen Zyklus in den Gefilden der Ewigkeit. Möglicherweise ist es sogar die Befreiung irgendeiner Sinnfindung?

Das Suchen und das Sehnen nach irgendeiner Erfüllung wurden erlöst …

Die Erfahrung der Existenz, des Existierens IST der Sinn …

Oder?

Tashis Kopf wendet sich weit nach oben, ganz weit in die Weite der endlosen Existenz und er lacht herzlich in dieses Nichts hinein. Dabei hält er eine Hand auf dem großen Kissen, der Blume des Lebens und berührt gleichzeitig Pixies Füße, die sich immer noch auf dem Kissen bequem eingerichtet hat.

Shekina, das Universum, lacht mit ihm, ohne einen Ton von sich zu geben, in diese große Stille hinein.

Amethyst übermittelt seine Weisheit und füllt den Raum ganz und gar mit seinen herrlichsten funkelnden violetten Strahlen. Es sind die Strahlen des Sieges, welche Amethyst »seinem« Tashi schenkt.

Tashi und seine Wächter verschmelzen endgültig in eine absolute Einheit.

Ein Moment der großen Stille, in der Neues geboren wird.

Jegliche Frequenzsperren wurden aufgelöst und Tashi ist nun frei, zu tun, wie ihm beliebt.

An diese Freiheit muss man sich erst gewöhnen!

Es erinnert an den Schmetterling, der sich mühsam aus seiner Verpuppung schält, um dann plötzlich als völlig neues Wesen als Schmetterling frei zu fliegen. Als Raupe war sie an die Erde gebunden, als Puppe in der Dunkelheit und einer Umprogrammierung unterworfen und als Schmetterling ein freies Geschöpf, das sich in der Luft bewegen und viele tausend Kilometer um den Globus, Mutter Gaia, reisen kann. Die Raupe kennt weder ihren Weg als Puppe, noch mag sich die Puppe an ihr Leben als Raupe erinnern. Und so weiß auch der Schmetterling weder von seinem Raupen Dasein noch von seinem Umbruch in der Puppe. Gleichzeitig sind aber alle durchgelaufenen Erinnerungen gespeichert und wiederverwertbar.

Er hat sich dreimal total in ein neues Wesen umstrukturiert, ist seinem Plan gefolgt und wurde befreit.

Vielleicht haben deshalb die Menschen einen Schmetterling auf den Weg des Menschseins bekommen?

Als Erinnerung, dass sich das Leben fortwährend umformt und Neues entsteht?

Ein neues kosmisches Erlebnis, das selbstgesteuertes und schöpferisches erlaubt?

Tashi schmunzelt in sich hinein, die Vergleiche, die Symbole begleiten einem auf Schritt und Tritt und sind nicht zu übersehen!

Fröhlich wendet er sich seinen Wächtern und Amethyst zu. Vor Shekina verbeugt er sich leicht und zollt ihr Respekt.

»Meine Freunde, was soll man da noch sagen? Ich fühle mich so frei, so leer, so überwältigt, so schwebend. Ich fühle die sich befreiende Kraft in mir, aus der ich meinen neuen Zyklus erschaffen kann. Durch die vielen Äonen habe ich gelernt, wie ich es ganz anders gestalten könnte. Jetzt verstehe ich auch, weshalb der Regenbogen mich dauernd in die Absolution, die Einheit geführt hat. Die Erinnerung dieser Erfahrungen, diese Gefühle helfen mir in der Neuerschaffung meines Daseins. Wo auch immer ich sein werde. Egal auf Erden oder sonst wo. Was für eine endlose Reise! Diese ewige Existenz muss man erst mal erkennen können. Und das Gefangensein in den eigenen inneren Welten und Realitäten kann man erst realisieren, wenn man die alten Pfade verlässt und sich in die weiten, ausdehnenden Existenzen in allen Universen begibt. Puuhhh …«

Er seufzt aus seinem tiefsten Wesen heraus. Sowas kann man niemandem erklären, das muss man selber erst mal fühlen und erfahren lernen.

»Tashi, wie du jetzt weisst, führt meine Wesenheit immer in die Tiefen des Daseins, das ist meine Aufgabe. Ich transformiere und transzendiere, verhelfe einer Seele in die eigene Wahrheit, die im

Verborgenen auf seine Wiederentdeckung wartet. Das ist meine Aufgabe! Jeder, der sich mit mir befasst, bekommt meine durchdringende vereinende Kraft zu spüren! Ich eröffne ungeahnte Weiten, ich löse auf und bringe zusammen, was zusammengehört. Ich schenke Geborgenheit und Klarheit auf so vielen, vielen Ebenen. Und ich löse und kläre dich von Parasiten Tashi, sowie du es gerade selber erfahren durftest mit deinem Archonten. Parasiten halten sich gerne im menschlichen Körper auf! Sie finden dort genügend Nahrung, um weiterzuleben!«

Amethyst betrachtet Tashi durchdringend, ob er die Symbolik auch verstanden hat.

Shekina nähert sich sanft und leise, ohne irgendein Geräusch. Tashi ist erstaunt und schaut sie fragend an.

»Ich lasse meine Frequenzen in dich fließen, so wirst du mein Wissen und meine kosmische Stimme in dir empfangen können. Ich werde dich auf meine Frequenzen einstellen! Mein Geschenk, bevor ich dich verlasse.«

Er schaut sie dankbar an. Zwar weiß er noch nicht genau, wie sich das anfühlen wird, mit ihren Frequenzen gleichermaßen verbunden zu sein. Aber auf ihr Wissen, das sie ihm vermitteln wird, freut er sich sehr. Er ist ja so wissbegierig! Und auf Erden langweilt er sich schrecklich, weil nichts von alledem irgendwie gelehrt wird. Nun, durch diesen Frequenz Ausgleich darf er jederzeit neue Geschichten des Universums lernen. Er lächelt sie dankbar an und nickt ihr zu.

»Shekina, es ist mir eine Ehre, von dir unterrichtet zu werden. Darauf freue ich mich so sehr und werde dein Wissen verantwortungsvoll verwenden und weiterleiten, dort wo es gehört und gelernt werden will. Ich bedanke mich bei dir für deinen hohen Besuch, deine Gegenwart und deine unaussprechliche Schönheit!«

Er verbeugt sich ganz leicht vor ihr, um ihr seinen großen Respekt zu zeigen. Nichts überlebt in ihrer Nähe, das sich nicht vorher des freien Geistes bewusst geworden ist.

Shekina berührt sanft sein drittes Auge, hält ihre Hand über seinen Kopf, um den geistigen Kanal aufzurichten und die Frequenzen anzupassen. Ihm wird dabei leicht schwindlig, er schließt die Augen und atmet tief ein und aus. Damit fällt er automatisch in ihren Rhythmus, in ihren Frequenzbereich.

Irgendwann lässt die Intensität nach und er öffnet die Augen wieder. Er schaut zwei-, dreimal und blinkt ungläubig. Shekina ist weg, nicht mehr zu sehen.

Nur ihr Leuchten hat sie hinterlassen.

Er schaut sich jetzt überall um, aber sie ist ohne irgendeinen wahrnehmbaren Ton verschwunden, oder, was eher der Fall ist, hat sich einfach so in Nichts aufgelöst.

»Wow Amethyst, was für eine Begegnung! Meine Reise ist voller Überraschungen. Man weiß nie, was sich gerade tut! Das ist spannend und mittlerweile vertraue ich meiner eigenen Führung immer besser. Ich kann die innere Stimme besser vernehmen, es ist eine sehr liebevolle und sehr starke Führung! Und nun hat sich Shekina auch noch etabliert, so bin ich begleitet aus den allerhöchsten Reichen.«

Niemand spricht, man lässt Tashi Raum, um sich an die neuen Frequenzen und Schwingungswellen zu gewöhnen.

»Amethyst, darf ich noch einige der feinen Häppchen essen? Ich könnte etwas vertragen.«

Sobald Pixie das hört, löst sie sich vom gemütlichen Regenbogen Kissen und schwebt zurück in Tashis Haarschopf.

Amethyst führt ihn zurück zum großen Tisch, worauf sich sofort frische farbige Häppchen manifestieren. Dazu gibt's Flüssigkeit, die ihm hilft, seinen ganzen Organismus an das Neue ausgedehntere Selbst anzupassen.

Während Tashi genüsslich einige der nahrhaften Häppchen kaut, erklärt Amethyst, dass selbst religiöse Institutionen des Planeten Erde die Kraft des Amethystes anerkennen mussten.

»Unser Wesen ziert bis heute die Kronen der Kirchenoberhäupter auf eurer Erde! Amethyst hat eine wichtige Aufgabe in der geistigen und christlichen Symbolik. Leider und noch einmal leider ist es wie mit allen Dingen, durch Gier, und Unterdrückung meines tiefen geistigen Wissens der inneren Freiheiten, meiner heilenden klärenden Kräfte wurde meine Macht schrecklich missbraucht! Das geistige universelle Wissen wurde den Menschen entzogen, damit sie ihre Freiheit nicht leben sollen. Angst ist DAS Werkzeug der dunklen Machenschaften! Und die Menschen beugen sich dieser Tyrannei! Ich könnte dir noch viele, viele Geschichten erzählen, aber ich denke, vorerst hast du genug Informationen zu verarbeiten. Da ich nun mit dir weiterreise, ich und meine Wesensart und meine Schwingungen in deinem Menschenkleid verankert sind, kann ich dir jederzeit weitere Fragen, die sich ergeben, beantworten. Cool nicht?«

Tashi muss jetzt herzlich lachen und er prustet mit vollem Mund. Das »Cool« Wort ist einfach zu köstlich aus dem Wesen des Amethystes zu hören.

»Ach mein Freund, dich meinen Freund zu nennen, dich als Begleiter zu haben und erst noch coole Worte auszutauschen, ist echt super-cool!«

Jetzt muss Tashi über seinen eigenen Witz lachen.

»Wirklich coole Sache, echt!«

Er wiederholt diese Worte, um sie ganz auf sich einwirken zu lassen. Wie kann man eine so außergewöhnliche hohe Struktur des Wissens einfach mit cool bezeichnen?

»Manchmal muss man das Außergewöhnliche vereinfachen, um es besser annehmen und verstehen zu können!«

Aha, das ist wieder mal auf den Punkt gebracht, unmissverständlich klar!

Er isst weiter, um zu neuen Kräften zu kommen, bevor er sich mit seinem Vater, Ramosh und Commander Ashtar trifft.

Nga und Waka essen nicht, sie sind aus reiner Energie und ernähren sich vom Bioorganismus ihres Schützlings und den Schwingungen, die er aussendet. Nur Pixie erlaubt sich ein weiteres winziges Häppchen und zieht sich gleich wieder zurück an ihren Lieblingsort. Zudem sind die Wächter ohnehin mit der

Quelle der Ur-Sonne verbunden, die ihnen den Odem schenkt. Dennoch gelüstet es Nga, mit ihrem Finger zaghaft ein Stückchen eines farbigen, süßen Häppchens zu greifen. Leicht streicht sie mit ihrem Finger über die wie Honig glänzende Oberfläche. Waka beobachtet sie und ist überrascht über ihre Geste. Er lächelt sie verschmitzt an und wartet auf ihren Kommentar. Lange überlegt sie, wie man denn etwas, das man noch nie gekostet hat, in Worte ausdrücken soll. Sie versucht es zögernd zu erklären:

»Hm, es fühlt sich seltsam an, da wir ja Essen nicht gewohnt sind. Aber es scheint voller Licht und Leichtigkeit zu sein. Es kitzelt seltsam in meinem Hals und weitet sich dort aus. Jedenfalls empfinde ich das so. Es ist sehr erfrischend.«

Nachdenklich schaut sie die sie Umstehenden an und ihr Gesichtsausdruck scheint einem Fragezeichen gleich.

Tashi kann es noch nicht fassen, wie sehr sich seine Wächter gewandelt haben. Das zeigt ihm an, wie sehr er sich selber verändert hat! Sowas sieht man immer erst im Spiegel, den man vorgehalten bekommt.

Er ist begeistert sie zu beobachten, wie sie mutiger wird und aus sich herauskommt. Sie war immer sehr still und hat ihre Aufgabe als Begleitung und Wächter superb vollendet.

»Ihr drei habt eine ganz neue Verbindung aufgebaut, das wird sich auf eurer Erdenreise sichtbar ausdrücken. Alle zusammen macht ihr als Einheit eine neue Erfahrung. Nga und Waka, ihr seid aus eurer Rolle des reinen Wächters herausgewachsen. Ihr werdet mit Tashi interagieren, während er im Menschenkleid weiterreist. Das war vorher nicht erlaubt.

Des Öfteren wird er euch auch bereits mit seinen Menschenaugen sehen können, nicht nur wenn er in seinem feinstofflichen Kraftort verweilt. Das Innen und Außen haben sich verschmolzen und eine neue Wirklichkeit gestaltet. Ihr werdet beste Freunde sein, nicht *nur* Wächter, die stumm an seinen Seiten mitwandern und ihn beschützen! Ihr seid ein neues erwachtes Team, das sehr viel Spaß zusammen haben wird. Und ich werde ein sehr aktiver Teil eures Teams sein! Eine ganz tolle Symbiose, die neue Früchte, also neue Talente und Begabungen, hervorbringt. Freut euch drauf!«

Tashi ist begeistert über Amethystes Versprechungen. Ein Versprechen, auf das er sich einlassen kann. Hat doch Amethyst das Versprechen, das er ihm gegeben hat, auf der Regenbogenreise eingehalten. Hat wohl ein wenig gedauert, aber dennoch, so ist es geschehen!

»So macht es sogar Spaß, zur Erde zurückzukehren und mit euch neue Erlebnisse und Überraschungen zu erleben. Endlich kommt meine Sternenfamilie mit mir zur Erde, da ich ja noch nicht zurück über den Regenbogen wandern darf. Deine Worte Amethyst, ›menscheln‹ bereits ziemlich stark, ich denke, wir werden viel Freudiges und Spaßiges zusammen erleben. Ich bin jetzt schon ganz kribbelig, wie sich das alles anfühlen wird, wenn wir zurück sind.

Meine Sternenmutter wird den Unterschied vor meiner Reise zu dir, Amethyst, und nach meiner Ankunft bei meinem Freund, den Baum, sicher sofort erkennen! Sie ist unglaublich aufmerksam und extrem feinfühlig.«

»Aber sicher Tashi wird sie es sofort sehen, da ich ja jetzt auch noch durch dich strahle, was dein Aura Feld verändert und intensiviert hat.

Zudem sind Nga und Waka besser ausgerichtet geworden auf deine Bedürfnisse. Wirst es schon sehen, wie auch Klara auf deine Veränderung reagieren wird! Und Sasha wartet ja auch auf dich.«

»Oh, Sasha, ja natürlich, habe ich beinahe vergessen, uuupsss. Wohl Zeit, dass ich mich ihr widme. Meine Güte Amethyst, wie lange war ich denn weg? Ich hoffe, sie kommt mit ihren neuen Erlebnissen zurecht. Vielleicht sollten wir uns bald auf den Weg machen!«

»Eile nicht Tashi, die Zeit in unseren Ebenen wird nicht gemessen wie in deiner Menschenwelt. Hier erlebst du Zeit als Raum Kontinuum, nicht als lineares Konstrukt. Genieße es.«

Dankbar schaut er Amethyst an, dann schnappt er sich noch einen weiteren Drink und ein weiteres Häppchen. Während er bedächtig kaut, nimmt er wieder alles auf, die unglaublichen herrlich strahlenden violetten Spitzen des Amethyst Doms. Die sanfte Musik, die sie ganz unauffällig begleitet hat, den leicht feuchten Boden, der sich nie nass angefühlt hat. Das Wesen, das Nga und ihn in den Ruheraum begleitet hat. Es steht auf Abruf bereit und hat die ganze Szene still beobachtet, ohne sich je einzumischen. Es lächelt den erstaunten und kauenden Tashi an, sagt aber nichts. Er nimmt seine Wächter wahr, wie sie ihn beobachten, und Amethyst, der wartet, bis er Zeichen gibt, zurück zum Lichtkanal gebracht zu werden, wo sie sich verabschieden werden.

Das große stille und doch so belebte Reich des Amethystes hat ihn unglaublich beeindruckt und verändert. Die Transformation, die Transzendenz der niederen Ebenen, das Zusammenschmelzen mit dem Archonten waren einmalig. Es ist zu viel, um es groß zu erklären. Liebevoll fährt er anerkennend über den herrlichen übergroßen Tisch aus Amethyst, Rosenquarz und Lavendelquarz mit den goldenen Einschlüssen. Wieder bewundert er den noch nicht kristallisierten Wassertropfen im Gestein, der sich eingeschlossen hat und anscheinend gerne dort lebt. Der Tropfen scheint ihn anzulächeln und zu sagen:

»Wasser ist die Substanz, die alles nährt und belebt, die Menschen sind hauptsächlich ein Wassersystem, indem Informationen durch ihre vielen Kanäle fließen. Blut, Urin, Schweiß, lymphatisches System, ein Kreislauf, der alles miteinander verbindet. Sie sollten besser auf ihre Kanäle achten, die Menschen!«

Aufmerksam hört sich Tashi diese Mini-Lektion an. Pixie tanzt leise auf Tashis Schultern und hat von dort den fröhlichen Wassertropfen beobachtet. Dieses Wissen kennt sie bereits, ihre Squillionen Schwestern aus den Wasserreichen und den anderen Elementarreichen haben ihr viel derartig Wissenswertes beigebracht.

Und dann wird es ganz still. Tashi schluckt den letzten Bissen und betrachtet den Tropfen nachdenklich. Überall sind die Signale und Zeichen, aber man muss lernen, sie wahrzunehmen.

Er seufzt, die wichtigsten und einfachsten Dinge lernt man leider nicht in der Schule. Was man zum Leben braucht, muss man durch harte Erfahrungen selber lernen. Er wird die Menschenwelt nie verstehen!

Er seufzt erneut, um aus seinem Philosophieren aufzuwachen, schaut sich neu gestärkt um und nickt dann Amethyst und seinen Wächtern zu. Schnell greift er in den Haarschopf, um sich zu versichern, dass Pixie auch da ist.

»Jetzt, meine Freunde, bin ich ready to go!«

Dabei streckt er sich in seine ganze junge Größe, schüttelt und lockert sich. In seinen heimatlichen Gefilden ist er eine Meisterseele, den jugendlichen Jungenköper braucht er nur in der Menschenwelt.

»Auf geht's!«

Dann schaut er sich unsicher um und doppelt nach: »Oder?«

Schließlich weiß man ja nie im Zauberreich seiner Reisen …

Amethyst und seine Wächter lachen und bereiten sich auf den Abgang vor.

Zum letzten Mal schaut er sich um, dem stillen Wesen, das sie zuvorkommend bedient hat, zuwinkend, den Tisch zum Abschied berührend, der jetzt völlig aufgeräumt aussieht und kein Andenken an irgendeinen Smörgåsbord hinterlässt.

Unglaublich, er kann das schnelle Manifestieren und Dematerialisieren noch gar nicht richtig erfassen. Aber auch das wird er wohl schnell lernen.

Amethyst begleitet sie durch die Hallen und den weiteren Dom, wo bereits eine traumhaft goldene und Amethyst farbige, schwebende Fläche, ähnlich einer Plattform, auf sie wartet. Mitten in diese Fläche beginnt sich ein breiter Beam aus Licht zu formen. Amethyst schubst Tashi und seine Wächter überraschend in diese Lichtsäule. Er selber, Amethyst, bleibt stehen und manifestiert ein Zwillingswesen aus sich selbst heraus. Dieses Zwillingselbst schubst er nun auch noch mitten in das Lichtgefährt. Tashi macht riesengroße Augen. Das ist ja wiederum magisch! Hach …

»Tashi, ich habe dir doch versprochen, ich komme mit dir. Hier bin ich und bleibe an deiner Seite für die nächsten Äonen. Wie lange das auch immer dauern wird. Dein neuer Zyklus ist in vollstem Gange!«

Er lächelt den völlig überrumpelten Tashi fröhlich an.

»Ist doch gelungen meine Überraschung nicht? Ich habe mein Versprechen gehalten!«

Er lacht, schließt die Lichtsäule, versiegelt sie und schickt das Gefährt los. Schwupps, zack, zack, so schnell geht das!

Die vier im Lichtbeam, Tashi, Nga, Waka und der neue Amethyst Zwilling, finden sich im Nullkommanix zurück im Dimensionen Schiff von Commander Ashtar.

Nicht zu vergessen, Pixies Gegenwart, die alles völlig gelassen mit sich geschehen lässt. Sie ist mit ihrem Tashi als Unterstützung und wegen des Miterlebens kurioser, überraschenden, unglaublichen und magischen Wirklichkeiten unterwegs. Sie liebt das Ungewöhnliche.

Man müsste natürlich das Wort »gewöhnlich« definieren, um das Ungewöhnliche zu erklären. Aber »Gewöhnliches« hat nun wirklich keinen Bezug in Tashis Welt!

Sie lächelt ihr eigenes, ganz süßes bezauberndes Lächeln, hält ihren Kopf in ihrer berühmten Schieflage. Außer den Wächtern und Ashtar sieht es keiner.

Asthar lacht herzlich, als er die vier etwas überraschten Gesichter willkommen heißt. Ramosh und Vater warten mit dem Commander.

»Na ihr Lieben, wie war denn die Reise mit Amethyst, Tashi?«

Tashi seufzt, nun, wie benennt man das Unnennbare?

»Puuhhh, das ist schon schwierig zu beschreiben Commander. Unglaublich, super toll und lehrreich und dies und das. Du kannst sicher mein neues Energiefeld erkennen, dann muss ich es gar nicht erst erklären!«

Ashtar beglückwünscht nicht nur Tashi zu seinem Zusammenschluss, der stattgefunden hat, sondern auch Nga und Waka, die noch etwas größer geworden sind und ihre ganz eigene leuchtende Essenz ausstrahlen.

Er führt die Gruppe in die gemütliche Sitzecke auf der Brücke, wo sie sich umsehen können. Am liebsten würden sie alle auf einmal erzählen, wie es ihnen ergangen ist. Denn Ramosh und sein Vater konnten sich gründlich im Schiff umsehen und wurden aufmerksam begleitet von Helfern des Dimensionen Schiffes.

Tashi wartet noch mit seinen Anekdoten. Er braucht immer etwas Zeit, um alles zu verarbeiten, danach kann er viel klarer erzählen.

Mitten im Plaudern erscheint nachträglich ein kleinerer Lichtbeam, öffnet sich und heraus schwebt sein Geschenk, der wunderschöne Amethyst Stein, der jetzt vollgeladen ist mit den neusten Energien.

»Oh, du liebe Zeit, es tut mir so leid, dass ich dich vergessen habe, du schönes Geschenk. Ich war wohl etwas müde und überfordert. Das ist aber aufmerksam, dass Amethyst dich Kuriermäßig nachgeschickt hat. Oh jehhh …«

Tashi nimmt den schwebenden Amethyst in die Hände, drückt ihn an sein Herz und bittet um Verzeihung.

Der Edelstein leuchtet herrlich und lässt seine Schwingungen sanft durch das Energiefeld mit Tashi verschmelzen. So beginnt ein steter Informationstransfer zwischen den Amethyst Welten und Tashi. Beinahe wie die fortgeschrittene Kristall Technologie auf Ashtars Schiff.

Alle haben sich nun wiedergefunden und ergeben ein neues Team.

Commander Asthar setzt sich zu ihnen, lässt allen Drinks und Häppchen zum Essen zukommen, die sich allerdings von den sehr hoch frequenzhaltigen Häppchen aus dem Amethyst Reich unterscheiden.

Man unterhält sich fröhlich, tauscht Erfahrungen aus, isst und trinkt gemütlich.

Mitten in diese Unterhaltung schwebt Pixie direkt vor den Commander Asthar. Lange schaut sie ihm in die Augen, wie es ihre

Art ist. Dann stellt sie eine wichtige Frage, die bis anhin den drei Besuchern völlig entgangen ist.

Die fröhliche, belebte Runde verstummt erstaunt.

»Ashtar, Amethyst hat erwähnt, dass es fünf neue Farbenergie-Strahlen gibt, die ihre Informationen nun auf der Erde verbreiten. Er sagt auch, dass sein Departement diese Strahlen verwaltet. Kannst du uns mehr darüber erzählen?«

Ramosh entschlüpft ein »Wow Pixie!« und man betrachtet sie mit neuem Wohlwollen. Sie hat sich bis jetzt nicht oft geäußert, was will ein Ätherelement ohnehin viel sagen? Aber offensichtlich hat sie sehr genau hingehört und auf jedes Wort des Amethyst Meisters geachtet. In ihrer Eigenart, ihrer intensiven Beobachtungsgabe ist ihr nicht entgangen, dass diese Aussage noch einer Erklärung bedarf. Sie schaut den Commander in ihrer charmanten schiefen Kopflage erwartend an. Der stellt seinen Drink zurück, nestelt sich in seinem Sessel zurecht und stellt sich Pixies Frage.

»Es ist uns eine Ehre Pixie, eine so feine Lichtelfe bei uns zu haben. Du passt wunderbar zu Tashi, seid ihr doch ebenbürtig, wenn es um Neugierde und Wissensdurst geht. Gerne beantworte ich dir diese interessante Frage.«

Fünf neue Wirkungsstrahlen

Pixie nickt neckisch, schwebt zurück auf Tashis Schultern, um sich ganz auf Ashtars Antwort konzentrieren zu können. Ihre großen, schönen, türkis goldige Augen strahlen in Erwartung.

»Jeder neue Strahl, der nun auf die Erde einfließt, ist ein bestimmtes Frequenzband, jeweils verbunden mit einem Verwaltungsrat der höheren geistigen Kräfte. Diese neuen Schwingungen und deren Wissen werden einen Neuanfang einläuten und langsam in die alte Struktur eures Universums einfließen. Dieses Wissen verbindet sich mit den bereits sieben vorhandenen Kraftzentren, die den Menschen bereits zur Verfügung stehen. Diese wertvollen Informationszentren wurden bisher leider sehr vernachlässigt. Die Menschen nennen diese Energiezentren auch Chakren. In ihnen lebt die ganze Psychologie, die Wissenschaft, wie ein Mensch frei und mächtig leben könnte. Teilweise wurden Frequenzsperren errichtet, die es dem Suchenden schwer machen, den Weg in die Wahrheit zu finden. Die Geschichte wiederholt sich leider immer wieder. Der momentane Zyklus, der über den Planeten fegt, ist ähnlich den Atlantis Zeiten, bevor es unterging. Nun steht die Menschheit wieder an dieser Stelle des Wiedererwachens.

Nun zurück zu den Strahlen:

Mit den diversen Frequenzen der höheren Strahlen verbinden sich wie immer Farbschwingungen, die die Neurologie verändern. Die Menschenspezies erweitert sich durch diese neuen Verbindungen, sie verändert ihre Körper und feinstoffliche Chemie, somit erhöht sich das Schwingungsfeld eines Wesens. Die höher schwingenden Frequenzen fließen durch das Sonnensystem in euer Universum, von dort werden sie heruntergefiltert, um aufgenommen zu werden und die Evolution voranzutreiben.«

Pixie streckt sich auf Tashis Schultern, sie spürt, dass ihr diese Strahlen sehr bekannt und sogar einige davon vertraut sind. Sie neigt ihren Kopf wieder leicht, ganz für sich selbst. Da sie einige dieser Strahlen bereits kennt, ist es ein Leichtes, sie Tashi weiterzuvermitteln und ihm zur eigenen Erweiterung zu verhelfen!

Sie lächelt Ashtar an, der hat nämlich wahrgenommen, dass sie sich spannt wie ein Geigenbogen, der bereit ist, Musik zu spielen. Sie sitzt bolzengerade und hört noch aufmerksamer hin. Sie wird richtiggehend lebendig, so als würde sie bereits mit den neuen Farbstrahlen und deren Charakteristiken Kontakt aufnehmen. Sie streckt sich wie eine Antenne, die nach Signalen sucht.

Die Wächter betrachten sie neugierig. Die drei, Nga, Waka und Pixie, sind ein phantastisches Team und tun alles, um Tashi zu helfen, dieses Wissen in seine irdische Gegenwart mitzunehmen und Gebrauch davon zu machen.

Ashtar spricht weiter, indem er die schimmernde Elfe betrachtet. Je lebendiger sie wird, desto stärker glänzt und schimmert ihr Energiefeld.

»Alle zwölf Strahlen umfließen den Planeten Erde wie ein Gittermuster, das in Resonanz steht mit den ihren innewohnenden Kristallen und Energieströmungen von Innererde. Sie beeinflussen die ganze Menschheit, eine Gegend sowie das Volk, das jeweils auf diesen Strömungen lebt. Deshalb fühlt man sich an einigen Orten wohler als an anderen, weil diese Energien die innewohnenden Resonanzfelder eines Menschen unterstützen.«

Er pausiert, um etwas zu trinken, während ein Captain kurz unterbricht und einige Fragen an Ashtar stellt, die nicht für die Anwesenden bestimmt sind.

Dann wendet er sich an Tashi.

»Du verstehst alles, was ich euch erzähle Tashi? Es ist wichtig, nicht nur für dich selbst, diesen Entwicklungsprozess zu verstehen.

Es ist von elementarer Bedeutung, dass die Menschen verstehen, um was es geht und wie sehr sie betrogen worden sind. Sie sollen unbedingt ihre persönliche innere Freiheit wiederfinden, damit sie ganz neu agieren können. Sie können sich mit diesem Wissen von alten Mustern und Codierungen befreien.«

Tashi, Ramosh und Vater hören aufmerksam zu.

Man prostet sich gegenseitig mit einem erfrischenden Drink zu, bevor die lehrreiche und Informative Unterrichtsstunde weitergeht.

»Die fünf leichteren, von Licht durchfluteten Strahlen verbinden sich mit den niederen Welten und vergrößern so ihr Volumen. Da eine neue Menschenspezies entsteht, braucht sie dieses Material, um die alten genetischen Sperren zu durchbrechen. Das dient der Evolution des ganzen Kosmos. Die göttliche Intelligenz durchdringt alles, auf allen Ebenen, sie dehnt sich in neue Wissensbereiche aus. Die Menschen haben dieses Programm bereits gespeichert, um sich in dieses neue Potential hineinzubegeben. Die meisten Menschen entwickeln sich im Kollektiv.

Die Farbstrahlen bewirken eine Erweiterung der Bewusstwerdung. Sie reinigen alles, was im Wege steht, um in die nächste Dimension zu wachsen. Da die fünf einheitsbewussten Strahlen durch den Amethyst Strahl gefiltert werden, transmutieren sie automatisch die niederen Bewusstseinsschichten. Dadurch wird die Menschheit aus ihrer Illusion aufwachen müssen!

Die alten Programme der Menschen werden gründlich durchgewirbelt und auf eine erweiterte Basis transformiert.«

Der Vater erinnert sich an ähnliche Ausrottungen alter Zivilisationen. Er erinnert sich an die Erneuerung und Erweiterung menschenähnlicher Geschöpfe, die ihr geistiges Bewusstsein integriert haben. Dadurch ist eine neue Spezies entstanden. Auch damals war er mit dabei, um zu helfen. Nun also ist diese Galaxie wieder in einem gigantischen Quantensprung angekommen. Viele, viele Zeitlinien vermischen sich, fließen ineinander, um neues Bewusstsein und Wissen zu etablieren.

Ashtar beobachtet den Vater, dessen Erinnerungen über ihn schwappen wie eine Welle. Er unterbricht ihn nicht, lässt ihn in seinem eigenen Nachdenken. Nach einer Weile lehrt er weiter, leise, um niemanden im eigenen Gedankenraum zu stören. Pixie starrt auf den großen ätherischen Ashtar und ist neugierig auf weitere Erläuterungen.

»Wenn du mit den fünf höheren Farbstrahlen arbeitest Tashi, tue es Schritt für Schritt. Zu viel dieser Frequenzen kann zu Störungen führen, da erst alte Muster und Kodierungen ausgeräumt werden müssen. Diese Strahlen lockern die schwere, materiell geglaubte und erfahrene Ebene und bringen alles in leichtere Schwingungen. Diese Entwicklung geht Hand in Hand mit einem gleichzeitigen planetarischen Zusammenbruch! Dabei ist es wichtig zu wissen, dass alles seinen Plan hat. Deshalb sind ja auch die Ahnen und die alten Völker zurück, um Gaia, Planet Erde, sowie den Menschen durch diesen Umbruch zu helfen. Durch die neuen Frequenzen auf Gaia geschehen unglaubliche Veränderungen innerhalb des persönlichen Selbst. Das kann sehr verwirrend sein, bis man sich auf die innere Führung verlassen und ihr vertrauen kann!«

Ashtar schaut seine aufmerksamen Zuhörer an, Vater, der aus seinen Erinnerungen zurückkehrt, zieht beide Augenbrauen hoch.

»Das wird den Menschen ziemlich Turbulenzen bereiten, da sie sich zu wenig über die geistigen Entwicklungen informieren. Oder aber falsch informiert werden oder wurden! Die Menschen auf der Erde müssen erst mal lernen, dass ihre materielle Welt nur der kleinste Anteil der wahren Wirklichkeit ist. Viele können diesen Entwicklungsprozess nicht verinnerlichen oder wollen nicht mehr mitmachen. Deshalb verlassen sie Planet Erde. Herrjeh, da gilt's viel alten Mist und alte Glaubensmuster loszulassen! Heftigste Transformationen fegen über den Planeten! Na ja, deshalb, Ramosh, arbeiten wir ja alle gemeinsam an diesem Projekt, um den Prozess zu unterstützen.«

Der Vater schweigt, ein leuchtendes ätherisches Wesen bringt Nachschub mit Getränken. Ramosh dreht eine Runde im großen gemütlichen Stuhl, der vage an einen überdimensionalen Bürostuhl in der Menschenwelt erinnert.

Tashi ist ganz vertieft und sinniert über das Erzählte nach. Er liebt Unterrichtsstunden, weil man da so vieles lernen und einiges davon sofort umsetzen kann.

»Jeder Strahl bedeutet eine Einweihung in die nächst höhere Stufe. Das Wesen Mensch verfeinert sich, oder wie wir gerne sagen würden, veredelt sich, um sich mit dem Energiekörper, oder ›Lichtkörper‹ zu vereinen. Die Zeit ist jetzt da, wo die Menschen aus ihrer spirituellen Amnesie erwachen können. Nur dieses Erwachen gewährleistet den Fluch, der schon seit Äonen über ihnen schwebt, endlich zu durchbrechen.

Die Integration dieser fünf Strahlen wird das alte, bekannte feinstoffliche Vier-Körper-System sprengen. Die Zellen werden mutiert und erneuert, um diese hohen Frequenzen zu verarbeiten. Durch das Eindringen dieser sehr hohen elektrischen Frequenzen, bis tief in die Erde, werden viele Menschen sterben oder sich einen Ausweg suchen. Nicht alle werden diese Schwingungen verankern können. Selbst Mutter Erde wird sich aufbäumen und sich von alten Sperren erlösen.«

Man nickt dem leuchtenden, schimmernden Wesen zu, das die Drinks gebracht hat. Man möchte diesen Unterricht nicht mit unnötigen Worten oder Kommentaren unterbrechen. Es ist still und sehr nachdenklich im Raum. Tashi schwankt zwischen innerer Erregung, Freude über den Wandel sowie auch über Traurigkeit. Er ahnt bereits, dass nur wenige seiner Freunde diesen gewaltigen Schritt mit ihm machen und ihn auf seinem Lebensweg weiter begleiten werden.

Wenigstens durfte seine Angst, dieses Wissen unter den Menschen zu verbreiten, endlich Heilung finden. Der Zusammenschluss mit dem Archonten hat sein altes ängstliches und traumatisiertes Selbst versöhnt. Zudem hat der Archont versprochen, ihn zu unterstützen. Natürlich zusammen mit allen seinen lichten Helfern!

»Ich werde lernen, Versprechungen mehr Vertrauen zu schenken.«

Er lächelt in sich hinein und ist dankbar, dass ihm das ganze Universum zur Verfügung steht.

Wenn die Menschen doch nur kapieren könnten, wie großzügig und hilfsbereit die Lebenskraft wirken möchte, wenn man sich mit ihr verbindet. Aber eben, jeder muss für sich selbst entscheiden, was er für glaubwürdig empfindet oder nicht annehmen möchte.

Nach dem Motto:

Ich glaube nur, was ich sehe …
oder
Ich sehe, was ich glaube …
Jeder erschafft sich seine eigene Wirklichkeit …

Ashtar staunt über Tashis Verständnis. Er ist wirklich ein alter Meister und hat das wunderbare Talent, vieles des Gesagten sofort umzusetzen und zu verinnerlichen. Er lässt ihn noch eine Weile, bevor er leise weiterspricht.

»Diese Strahlen dienen als Brücke in das neue Zeitalter, die neue Epoche, die jetzt auf Erden stattfindet! Die Macht wird umverteilt. Das hast du beim Archonten erlebt Tashi, über viele Äonen hast du ihn aus der Versenkung nach Hause geholt. Dieser Prozess geschieht gleichermaßen sowohl in und auf Gaia als auch in den umliegenden Galaxien. Eine wahrhaft spannende Zeit. Das ist das neue Paradigma, das neue Zeitalter für die Menschheit!«

Ramosh kratzt sich am Kinn, das tut er nur, wenn er wirklich sehr beeindruckt ist oder wahnsinnig tief über etwas nachdenken muss.

Der Vater versteht, was auf den Planeten Erde und die Menschheit zukommt. Er erinnert sich sehr gut an alte Zivilisationen, die ähnliche Turbulenzen erlebten und sich auf andere planetarische

Existenzen zurückgezogen haben. Auch er war einer davon, aus lang vergangener Zeit und ist nie wieder als Mensch zur Erde zurückgekehrt. Diesen Zyklus muss er nicht noch einmal erleben. Was für Strapazen für die Seele, den Geist, ganz zu schweigen für den Körper! Lieber leistet er seinen Beitrag aus seinem Plejadischen System. Da ist die Wirkkraft mit den seinen viel größer.

Ashtar steht auf, klopft dem Vater freundschaftlich auf die Schultern, schließlich hat er die Gedanken lesen können. Auch etwas, das die Menschen bald lernen werden, nämlich sich telepathisch oder medial zu unterhalten!

Der Vater lächelt … er mag sich erinnern an das erste Mal, als er bemerkte, dass seine Gedanken kein Geheimnis mehr waren! Das bedarf eines sehr bewussten und fortgeschrittenen, nicht im Wettbewerb verhangenen Daseins!

Wenn man sich unter Gleichgesinnten, gleichen Schwingungen und Frequenzbänder befindet, ist das kein Problem, da man in demselben Bewusstseinsfeld fungiert und mit den Schöpferebenen zusammenarbeitet.

Pixie fliegt erneut von Tashis Schultern, sie hat noch eine weitere Frage an den Commander. Der wendet sich ihr in schmunzelnder Erwartung entgegen, fragt sie unvermittelt:

»Das ist es doch, was du gerne wissen möchtest Pixie, du Schöne? Die Farben der fünf Strahlen?«

Schiefe Kopflage, schöne große zwinkernde Augen, das zarte Kleidchen leicht und charmant in Schwung gebracht. Alle lachen. Ach … wie kann man nur so bezaubernd sein! Kokett antwortet sie ihm:

»Ja, wenn du uns noch die Farbqualität der Strahlen mitteilen könntest Ashtar?«

Er setzt sich wieder hin und mit einem verschmitzten Lächeln antwortet er:

»Nun, der erste Strahl gleicht einer Mischung aus Ultraviolett, Silber und variierenden Grünschattierungen, die allgemein für die Reinigung der Zellstruktur eingesetzt werden kann.

Dann hätten wir den zweiten, den blaugrünen Strahl, der bereits in den Lichtkörper hineinreicht.

Beim dritten Strahl handelt es sich um Perl-Silbergrau, damit der verfeinerte und veredelte Lichtkörper verankert werden kann.

Peach, Rosa-Orange, der herrlich strahlende vierte Strahl dient als Brücke in den neuen Äon, das neue Paradigma, die neue Epoche.

Schlussendlich der fünfte, der goldenen Strahl des Wissens und höchstmöglichen Potenzials, das in dieser Dimension verankert werden kann. Der Strahl der persönlichen Überwindung und der eigenen Meisterschaft. Dies ist der Strahl der Zusammenarbeit mit höher entwickelten Wissensebenen.«

Stille, kurze Durchatmungspause, man wartet auf weitere Erklärungen, da man spürt, dass Ashtar noch nicht fertig erzählt hat.

»Jeder dieser Strahlen wird von weißem Licht begleitet und deshalb strahlen die besonders intensiv und wirkungsvoll. Damit haben wir zwölf wirkende Energiestrahlen oder Wissensstrahlen, die die Menschheit nun integrieren und aktivieren kann. Sie alle ergänzen sich und sind untrennbar miteinander verbunden. Hat ein Mensch diese Energiezentren erkannt und sich mit ihnen auseinandergesetzt, kann er sich in die höchsten Energiewelten begeben und sein eigenes kosmisches Potential entfalten. Die fünf neuen Farbstrahlen ergänzen die drei materiellen Energiezentren und die drei geistig ausgerichteten Chakren öffnen sich, um die fünf neuschwingenden Kraftzentren aufzunehmen. Das Herz, die Quelle verbindet sie samt und sonders miteinander und erhebt sämtliche Wissensebenen auf eine neue Bewusstseinsstruktur.

Das sind natürlich nur die allerkleinsten winzigsten Auszüge einer ganzen Wissenschaft, die mit den neuen Strahlen zusammenhängen. Aber fürs Erste sollte das ausreichen. Bist du mit dieser Antwort zufrieden Pixie?«

Er lacht und berührt sie sanft. Sie bedankt sich und kehrt zu ihrem Tashi Lieblingsplatz zurück. Der denkt sich die Sache mit den zwölf Strahlen, den zwölf Sternzeichen, zwölf Monaten eines Jahres und der Regenerierung der zwölf DNS-Stränge. Die Zahl zwölf wird für ihn immer interessanter. Er äußert sich zu niemandem über diese Beobachtung und wird auch nicht dazu angesprochen.

»Ich möchte vielleicht noch etwas klären, meine Freunde. Die Menschen müssen wissen, dass viele Dimensionen, die noch nicht sichtbar für Menschenaugen sind, sich ihnen hilfreich zur Verfügung stellen. Die Menschheit muss sich geistig entwickeln, sonst hat sie keine Zukunft.

Es gibt nicht wirklich eine Rettungsaktion, man kann nicht einfach flüchten, weil man so seine persönliche Geschichte mitnehmen würde und dabei nichts lernt.

Wie du erlebt hast Tashi, muss sich die Seele entwickeln können, um sich selbst zu erkennen. Sonst fällt sie von einer Abhängigkeit in die nächste!

Die Schöpferkraft, Shekina, steht allen zur Verfügung. Aber man muss das auch wollen, fördern, entwickeln und fühlen. Wir tun das nicht, für niemanden!

Nicht nur wir, viele andere galaktische Systeme stehen der Menschheit momentan zur Verfügung. Wie gehabt, haben wir diesen Prozess schon vor Äonen erlebt, deshalb können wir aus Erfahrung helfen und beistehen. Aber das Fühlenwollen ist eine freiwillige Entscheidung. Erst dann kann sich eine Seele weiterentwickeln und wird so zum Empfangssystem anderer erweiterter Wirklichkeiten. Aber auch da gilt große Wachsamkeit. Denn die Gegenkräfte wollen ihre gezüchteten programmierten Menschen nicht einfach so aufgeben! Deshalb sind das Fühlen und Unterscheiden der absolute Schlüssel zum eigenen Wesen!«

Ashtar schweigt und verhilft sich zu einem Häppchen und Getränk. Man diskutiert über die weitere Entwicklung der Menschheit. Asthar ist betrübt, denn so wenig Echo kommt von Seiten der Menschen, denen sie ihr Wissen und ihre Hilfe anbieten möchte.

»Wir wollen ja nur helfen, weil wir den Zirkus kennen, der sich momentan auf Erden, dem schönen Planeten Gaia, abspielt. Das gewohnte Denken der Menschen zu durchbrechen ist beinahe unmöglich. Sie leben immer noch wie zu Zeiten im Mittelalter, haben große Angst vor Veränderungen. Sie wollen einen Messias, sie wollen jemanden, dem sie folgen können. Dabei ist das Erwachen eine ganz persönliche Sache, man kann nur seinem eigenen inneren Kompass folgen. Die Richtung wäre ja gegeben, aber die Menschen wollen geführt werden. Schafe, die Schafen nachfolgen …«

Seine umstehenden Captains und das Personal schauen ihn an. Sie kennen ihren Commander. Er möchte den Prozess der geistigen Entwicklung auf Erden beschleunigen, aber solange die Menschen als Kollektiv in der Starre bleiben, braucht alles viel mehr Zeit. Die Menschen müssen lernen selbstständig und unabhängig zu denken.

Ashtar seufzt und schweigt. Der herrliche Amethyst Edelstein, Tashis Geschenk, leuchtet wunderbar in den Raum hinein, sowie Amethyst, sein neuer ätherischer Begleiter, steht nahe bei ihm, um ihn zu unterstützen. Er weiß, dass Tashi sowie Ashtar, auch gerne helfen würden, aber von seinen ihn umgebenden Menschen kaum verstanden werden. Deshalb hat sich Tashi, wenn er auf Erden weilt, zurückgezogen, um mehr Zeit mit sich selbst, Sasha oder in der Natur zu verbringen.

Die Natur war längst da, bevor die Menschen auf den Planeten kamen. Die Natur hat geschafft, was die Menschen nie schaffen werden!

Tiere, Pflanzen, Mineralien leben in harmonischer Gemeinschaft. Sie suchen nicht nach dem Sinn des Lebens oder einer Bestimmung. Sie sind in Harmonie mit sich selbst. Das hat die menschliche Intelligenz bis anhin nicht erreicht.

Die Gruppe bleibt eine ganze Weile in nachdenklicher Stille zusammen auf der Brücke. Tashi ist vertieft, denkt an den Archonten, die Konfrontation mit seiner eigenen Unterwelt! Dabei runzelt er die Stirn, weil ihm die erlebten Bilder wieder präsent sind. Pixie sieht Tashis Stirnfalten, beugt sich nach vorne und beginnt sanft aus dem Haarschopf die Falten wieder zu glätten. Ramosh beobachtet das und muss lachen. Diese Elfe ist einfach schlichtweg entzückend.

Der Vater steht auf.

»Ashtar, ich bin begeistert von deinem Schiff. Ich bedanke mich, dass du uns herumgeführt hast und wir ein wenig von der neuen Technik, die ihr verwendet, zu meinem Standort in den Plejaden bringen können. Danke, dass wir mit Tashi reisen durften. Es ist schön, meinen mutigen Sohn immer wieder ein kleines Stück seines Weges zu begleiten! Ich bin stolz auf ihn.«

Er umarmt seinen Sohn, dann legt er den anderen Arm um Ramosh, der ihn zurück zu den Plejaden begleiten wird.

Die beiden Brüder umarmen sich herzlich, sie kommen sich immer näher im gegenseitigen Verständnis. Ramosh flirtet ein letztes Mal mit Pixie, die sich gerne hinreißen lässt. Ihre Leichtigkeit und alles durchdringenden Augen beflügeln ihn, weichen ihn auf, sodass er seine eigene innere Seelenmusik vernehmen kann.

Der Commander begleitet Ramosh und den Vater zur Lichtsäule, die bereits auf sie wartet. Ein überzeugendes, überaus superpatentes Reisevehikel! Einige der Crew beobachten das Szenario lächelnd. Dann öffnet sich das Lichtgefährt, nimmt die beiden auf und dematerialisiert sich sehr schnell, um sie dann in kürzester Zeit in ihrem eigenen Zuhause auf Sirius wieder zu materialisieren.

Tashi hält sein Geschenk, den Edelstein, in beiden Händen, schaut der verschwindenden Lichtsäule nach und wendet sich dann seinem neuen Amethyst Zwilling Begleiter hin.

»Ich bin froh, dass du jetzt auch bei mir bist. Ein wenig muss ich mich schon noch an dein hohes Schwingungsfeld gewöhnen, aber das wird wohl bald gelingen. Wenn ich dieses Mal zurück in die Menschenwelt gehe, werde ich nicht mehr alleine sein. Sehen dich dann die Menschen neben mir, oder wirst du wie Nga und Waka unsichtbar für sie sein?«

Der Zwilling Begleiter wartet ein wenig mit der Antwort, aber dann meint er:

»Für feinfühlige Menschen werde ich sichtbar sein, sie werden deine Amethyst-farbige Aura wahrnehmen. Aber sonst denke ich, werde ich dich lautlos und feinstofflich umhüllen und begleiten, wie Nga und Waka es tun.

Auch ich werde mich erst an die raue Menschenrealität gewöhnen müssen. Meine uralte Aufgabe als Transformationsenergie wird sich natürlich um dich herum verstärken. Menschen, die mit dir in Kontakt kommen, suchen automatisch, wenn auch unbewusst, etwas in ihrem Leben zu verändern. Durch meine Gegenwart mit dir wird es wie ein neues Kraftfeld um dich herum wirken, indem sich die Menschen, die dieses Kraftfeld berühren, verändern können. In etwa wie ein Katalysator das tut. Du, Tashi, wirst ein Katalysator und ich bin das Feuer, das die Initiation bewirkt! Cool oder?«

Tashi lacht laut auf.

»Ja, voll cool!«

Ashtar führt das Team durch die Schiffsbrücke.

»Tashi, schau dich noch einmal gründlich um. Bald wirst du uns vermehrt besuchen kommen, um nachts, wenn du schläfst oder schlafen solltest, viel zu lernen.«

»Hm, das mit dem Schlafen ist seit jeher so eine Sache. Ich bin ein schlechter Schläfer. Das war schon immer so und meine Mutter hat gelernt, es zu akzeptieren. Ich mag gerne lesen oder lernen oder im Universum herumreisen. In der Nacht ist es so schön still, die hektischen Energien fahren runter, das koste ich voll aus. Mittlerweile habe ich mich arrangiert. Die Ausflüge in meine geistige Heimat sind meine Lebensretter sozusagen. Hier kann ich auftanken und mich erfrischen und erst noch unglaublich viel lernen. Mein Wissensdurst wird so auf der geistigen Intelligenz gestillt.«

Ehrfürchtig, immer noch den herrlichen Amethyst Edelstein haltend, lässt er sich von Ashtar durch die endlos große Brücke führen. Die Crew nickt ihm freundlich entgegen und unterstützt seine ebenso endlose Fragerei. Es erinnert ihn an das gelbe Departement auf seiner Regenbogenreise, wo die vielen Schreiberlinge ihm geduldig unaufhörlich Fragen beantwortet haben.

Er erkennt Techniken, die viele tausend Jahre voraus sind, und eine geistige Intelligenz, von der man den Menschen unmöglich bereits berichten kann.

»Davon, von dieser fortgeschrittenen Intelligenz darfst du haufenweise mitnehmen in dein Erdenleben. Deine Seele ist ein Pionier, das zeigt dir doch Waka bereits, der ein geistiger friedvoller Krieger ist. Sonst hättet ihr einander gar nicht angezogen und wären nicht füreinander bestimmt worden. So wirst du unser Wissen tropfenweise deinen Menschen vermitteln. Natürlich werden sie einige Zeit brauchen, um ihr Denken zu erweitern, aber immerhin. Du weißt ja jetzt, dein Kraftfeld umgibt dich und erneuert und verändert Dinge, die sich in deine Nähe, also in dein Kraftfeld, begeben.«

Tashi ist wieder mal leicht überfordert. Immer mehr erkennt er die wichtige Aufgabe, die er zur Erde bringt. Nicht wirklich, indem er etwas Spezielles tut, sondern indem er immer mehr wird, was er eigentlich wahrhaftig IST! Sein wahres Wesen kann sich mit Hilfe von Amethyst entfalten und seine Wirkkraft aussenden.

Bei näherem Nachdenken eigentlich gar nicht übel, so muss er nicht zu viel reden und erklären, er kann einfach sein Kraftfeld bewusst einschalten und schwupps, geschehen die Dinge automatisch!

»Yup, so gefällt mir das Ashtar. Das mit dem Erklären habe ich nämlich nicht so drauf. Die menschliche Oberflächlichkeit ist sehr unbefriedigend für mich. Ich will das Leben erforschen können, wie es sich bewegt, WAS es bewegt und so weiter. Deshalb freu ich mich bereits, wieder hierher reisen zu dürfen und meine Neugierde aufrollen zu können. Bei dir zu sein Ashtar, fühlt sich wirklich an wie bei den Schreiberlingen im gelben Departement. Da konnte ich auch nicht genug bekommen. Durch eure Gegenwart wird mein Bewusstsein mit großartigem Wissen angereichert. Hmmm… ich freue mich schon wieder auf weitere Besuche bei dir!«

Dabei hält er seinen Amethyst Stein ganz fest und klopft Waka und dem nahestehenden Nga auf die Arme. Er ist glücklich, aber doch ziemlich müde. Der Zusammenschluss war sehr intensiv und braucht jetzt eine Erholungsphase der Anpassung.

»Setzt euch doch noch ein wenig hin und dann gibst du mir Zeichen, wenn du bereit bist Tashi. Deine Sternenmutter, Klara und auch Sasha warten bereits neugierig auf dich und deine neue Begleitung. Der Amethyst Stein soll dich auf allen deinen Wegen begleiten und dich an dein eigenes Potential erinnern. Eines meiner kleineren Schiffe wird dich zurück zur Erde bringen. Natürlich unsichtbar für die Menschen! Keine Angst, ich bringe dich nicht unnötig in Schwierigkeiten!«

Dabei lacht Ashtar fröhlich und setzt sich kurz hin.

»Wenn du mir deinen Amethyst Stein noch einmal ausleihst, lade ich ihn mit meinen Energien auf, dann bist du endgültig voll ausgerüstet, meinen Ort zu verlassen. Wie gesagt, du bist herzlich willkommen, jederzeit zurückzukehren.«

Tashi überreicht Ashtar das wunderschöne kraftvolle Geschenk.

Ashtar hält den Stein, lässt Strahlen von Leuchtkraft durch den Stein hindurchgleiten, füllt ihn mit Plasma Informationen, die Tashi abrufen kann, wenn er sie dann braucht. Die Wächter beobachten den Prozess, der nur wenige Sekunden dauert. Dann reicht Ashtar den von ihm geladenen Edelstein zurück und wünscht dem Team viel Erfolg bei der Umsetzung des neu Gelernten.

Ashtar wird von seiner Crew gerufen, Tashi bleibt noch eine Weile im übergroßen Sessel sitzen und lümmelt sich darin ein. Ein kleines Power Nickerchen, bevor sie abfliegen müssen. Den Stein auf seinem Schoß entspannt er sich genüsslich, während Pixie aus ihrem sicheren Lieblingsort, Tashis Haarschopf, neugierig die Crew beobachtet. Diese Welt ist selbst für sie etwas fremd. So viel Nanotechnologie, Gedankenübertragungen und sensorische Stimulation fordern einem ganz schön und machen dementsprechend müde.

Ankunft Kraftort

Sasha, die eben aus ihrem Erholungsschlaf aufwacht, beobachtet, wie das Licht über dem Lavendelfeld intensiver zu leuchten beginnt. Die Amsel zwitschert, das Rauschen der Blätter wird stärker. Die Lavendelblüten neigen sich alle ganz leicht in dieselbe Richtung, das ganze Blüten Feld, so als würde jemand mit einer Riesenhand darüberstreichen und sie sanft auf eine Seite biegen, ohne sie zu zerbrechen.

Klara reckt und streckt sich, sie spürt, dass wieder was ins Rollen kommt. Sashas Wächter nehmen Stellung ein, dabei beobachtet sie ihre neuen Helfer an ihrer Seite. Plötzlich fühlt sie sich beschützt wie noch nie in ihrem jungen Leben. Sie ist nicht mehr alleine. Wohl waren ihre Wächter immer bei ihr, aber bis anhin wusste sie nichts davon. Liebevoll und stolz nickt sie Silk und Sensitiv an. Die beiden sind ganz und gar nur für sie da! Was für eine große Freude. Sie lächelt und beobachtet die Sternenmutter, die immer noch im herrlich duftenden Lavendelfeld herumspaziert. Sie spricht mit den Blumen, sie spricht mit Lavendelquarz und ihrem Lebensbaum, den sie so verehrt. Er auch, der Baum, verehrt die würdevolle schöne Sternenmutter und winkt ihr mit seinen Ästen zu.

Auch sie hat jetzt das intensive Licht wahrgenommen und weiß, dass Tashi wieder zurückkehrt. Sie wartet auf sein Erscheinen.

Es dauert auch nicht lange und der Wind beginnt zu wehen, man hört ein leises Surren, das immer näherkommt.

Das Licht bleibt einige Sekunden stationär, dann schwebt es auf das Lavendelfeld.

Tashi steht verblüfft unvermittelt vor seiner Sternenmutter mitten im duftenden Feld der millionenfach herrlichen lila und violetten Blüten.

Die Sternenmutter macht große Augen und betrachtet Tashi, der ordentlich beduselt plötzlich vor ihr steht. Er sieht zwar seine schöne Sternenmutter, ist aber mit seiner Aufmerksamkeit überhaupt noch nicht anwesend.

Lavendelquarz, der die ganze Zeit mit Lavendel zusammengearbeitet hat, kümmert sich sofort um Tashi und strahlt seine Energie stärker aus, damit er sich an das weniger hoch schwingende Umfeld anpassen kann.

Nach dem ersten Überraschungsmoment empfängt die Sternenmutter ihren Sohn. Sie ist erstaunt, wie schön er aussieht, sie sieht den Edelstein sofort und auch seinen Zwillingsstrahl, das Amethyst Wesen, das neben Nga und Waka steht. Das wird ihren Sohn noch mehr verändert haben, sie nimmt es mit Fassung auf.

Für einige Sekunden bleibt Tashi mitten auf dem Feld stehen, er muss sich erst orientieren und mit Hilfe des Lavendelquarzes an die niederen Frequenzen anpassen. Die Sternenmutter ist überrascht, wie viel neue Informationen er mitgebracht hat. Sie kann es in seinem neuen erweiterten Energiefeld lesen. Da ist aber eine ganze Menge abgelaufen! Er wird sicher viel zu erzählen haben.

Tashi schaut seine wartende Sternenmutter an, nach ein paar tiefen Atemzügen schlendert er auf sie zu und umarmt sie herzlich. Sie genießt diesen intimen Moment, in dieser Umarmung spürt sie genau, wie es ihm geht, ohne dass er viel zu erklären braucht. Sanft streicht sie ihm durchs wilde Haar und berührt dabei sachte Pixie, die dort verweilt. Lange wird kein Wort geredet. Sie berührt Waka, der sich ganz nah zu Tashi stellt, dann begrüßt sie Nga, die auch anders aussieht, viel aufrechter, gelassener und offener. Du meine Güte, da muss ja unglaublich viel geschehen sein. Sie denkt es leise für sich. Nga und Waka erkennen ihre Gedanken und Nicken bejahend. Der Zwilling Amethyst steht neben Waka und betrachtet die Schöne ätherische Frau, die so würdevoll, ruhig und ohne viel Aufhebens ihren Sohn begrüßt. Für Zwilling Amethyst ist das Leben auf Erden als Begleitung schon noch etwas Neues. Waka legt seinen Arm um den neuen Begleiter, damit er sich sofort wohlfühlen soll. Dankbar nickt er Waka zu.

In diese stille herzliche Begrüßung erscheint aus weiter Ferne ein großer Adler, stolz schwebt er mit weit aufgespanntem Flügel über das Lavendelfeld. Klara, Sasha und ihre Wächter beobachten das alles von der Ahnen Bank aus. Klara sieht sofort, dass Tashi wieder einen Quantensprung gemacht hat. Das violette Licht strahlt förmlich aus seinen Poren. Er leuchtet ganz violett. Sie sieht auch den mächtigen Edelstein, den er von seiner Reise mitgebracht hat. Leise murmelt sie:

»Du liebe Zeit, die Bank wird ja immer voller! Zum Glück habe ich mich daran gewöhnt, dass er nach jedem Abenteuer wieder irgendwie anders aussieht. Damals, als er von Malachit und Moldavit zurückkehrte, habe ich ihn kaum wiedererkannt.«

Sie schaut Sashas Wächter an, ob sie ihr Murmeln gehört haben. Silk nickt leise, ohne etwas zu erwidern. Auch für sie, Sashas Wächter, ist ja alles sehr neu.

Dann steht Klara endgültig auf, flattert bedächtig Richtung Tashi und das neue Team. Sogar Tashis Wächter, die sie so liebt, haben sich irgendwie verändert. Hmmm… was das wohl noch werden soll? Und was ist mit dem Federvieh? Was macht der Adler hier? Ihre Gedanken machen sich Luft, sie lässt sich von keinen anderen Federn vertreiben! Sie ist absolut Tashis einzigartige Superfreundin. Diesen Posten wird sie nicht hergeben! Egal was da noch so angeflogen kommt! Jetzt plustert sie los, um ihren Lieblingsmensch zu begrüßen. Er ist aber irgendwie noch nicht ganz präsent, sie sieht das sofort. Aber riechen tut er immer noch gleich, das ist gut. Dieser herrliche süßen Nektar Duft ist unverkennbar ihr Tashi. Sie bleibt vor Nga und Waka stehen, weil Tashi noch nicht richtig reagiert. Waka nimmt sie sofort auf und stellt ihr den neuen Begleiter vor.

»Klara du Gute, wie schön dich wiederzusehen. Guck mal, wen wir mitgebracht haben. Das ist Tashis neue Begleitung, sein

Zwillingsstrahl aus dem Reich von Amethyst. Er muss sich erst an uns und diesen Ort gewöhnen, aber du hilfst ihm sicher auch ein wenig. Du bist doch unsere allerbeste Freundin!«

Ah, etwas Besseres und Klügeres hätte Waka gar nicht sagen können. Klara fühlt sich ungemein geschmeichelt und hält ihren schönen Flügel zu Amethyst hin, damit er sie begrüßen kann. Sie versucht etwas zu flirten, aber das versteht Amethyst nicht, damit kennt er sich überhaupt noch nicht aus. Waka beobachtet das und quittiert ihren Versuch mit einem flüsternden Kommentar:

»Klara, ich habe da gar keine Bedenken, du wirst es ihm schon noch beibringen!«

Klara schaut Waka mit großen und schlitzohrigen Augen an.

Nun wenden sich alle dem großen Adler zu, der einige Meter entfernt im duftenden Lavendelfeld landet.

Der betrachtet die Herumstehenden, hüpft einen oder zwei kurze Schritte näher Richtung Tashi und bleibt dort ganz ruhig stehen. Tashis Energiefeld ist noch etwas zu durchlässig, zu weit offen, deshalb wartet der Adler ruhig und bewegt sich kaum.

Sasha ist sich einfach nicht sicher, was sie tun soll. Sie würde so gerne sofort zu Tashi rennen, um ihn willkommen zu heißen, aber sie hat ziemlich Respekt vor diesen leuchtenden Energien.

Auch auf der Ahnenbank herrscht Unsicherheit.

»Silk, Sensitiv, was meint ihr, was wir tun sollen?«

»Wir warten, Sasha, und betrachten lieber alles von hier. Es scheint mir, als würde Tashi noch etwas überbracht. Der Adler ist sehr würdevoll, lass uns lieber abwarten.«

Silk hat mit ruhiger schöner Stimme gesprochen. Sasha freut sich über die Antwort und dass sie nun ihre Wächter um Rat fragen kann. Sie steht von der Bank auf und schlendert langsam Richtung Lebensbaum. Dort setzt sie sich auf die großen Wurzeln und hört dem Singsang der Amselfamilie zu. Sie ist ganz glücklich, einfach nur hier zu sein in dieser überaus üppigen wohltuenden Landschaft. Sie hat so viel lernen dürfen von der Sternenmutter und so viel Spaß gehabt mit Klara. Lavendelquarz hat sie über Fremdenergien aufgeklärt und ihr kränkelndes Energiefeld gereinigt.

»Ich fühle mich so erleichtert, Silk und Sensitiv. Es ist toll und befreiend, dass wir uns jetzt unterhalten können. Ich habe noch hunderttausend mal hundert Fragen an Tashi, aber wir haben ja genug Zeit nicht? Er sagt doch immer, alles hat seine Zeit! Besser wir nehmen uns das zu Herzen!«

Sie lächelt ihre Wächter glücklich an und beobachten wieder das Lavendelfeld und was sich dort noch so tut.

Der Adler steht ganz still, ab und an macht er einen kleinen Hüpfer immer näher zu Tashi hin.

Lavendelquarz nimmt Kontakt auf mit Tashis Edelstein. Der Stein reagiert sofort auf Lavendelquarz und augenblicklich beginnt eine herrliche Symbiose. Der Quarz begrüßt den gloriosen, leuchtenden Amethyst Stein mit den Zwillingsspitzen.

»Du auffallendes Wesen, wir begrüßen dich im Reich der Menschen, du bist außergewöhnlich schön und strahlend. Wir freuen uns, dich bei uns willkommen zu heißen!«

Gleichzeitig wendet sich Lavendelquarz liebevoll Tashis neuem Zwilling Begleiter zu.

»Selbstverständlich gilt das Gleiche für dich. Tashi auf seinen Reisen und in die Menschenwelt zu begleiten ist ein wahres Abenteuer. Euch wird es kaum jemals langweilig werden, so viel kann ich euch versprechen!«

Die beiden Amethyst Wesen lächeln erfreut und bedanken sich für die nette und aufmerksame Begrüßung und Anerkennung.

Tashi bedankt sich beim freundlichen Quarz. Langsam kommt auch er an im Menschenreich und schaut dem harrenden Adler direkt in die Augen. Der verneigt sich leicht vor Tashi.

»Die Zentralsonne hat mich zu dir geschickt, als Beschützer. Ich bin ein Bote des großen Meisters, den niemand jemals persönlich kennengelernt hat. Ich und meine Familie kommen direkt aus der Sonne. Du bist ein Meister, ich bin ein Meister. Gleiches zieht Gleiches an.«

Dann schweigt er und beobachtet Tashi, bevor er weiterspricht. Alle Augen sind auf den großen Vogel Boten gerichtet.

»Du bist bestens überwacht aus der Sonne, den höchsten Ebenen. Du bist in die Meisterebenen, die Elite aufgenommen worden. Frequenzfelder, Bewusstseinsebenen, die nur wenige auf Erden je erlebt, erfahren oder gesehen haben. Da wir in Zukunft vermehrt zusammenarbeiten werden, kann ich dir zu einer höheren Perspektive verhelfen, zu einem ganz neuen Weitblick. Dein Geist, dein Mentales wird diese Ausdehnung und Größe erst lernen müssen, um sie erfassen zu können. Du bringst den Anteil deines Meisterselbst, das erwachte Bewusstsein zurück zur Erde in dein Mensch-Sein. Wirst du mich annehmen in deiner bereits erweiterten geistigen Familie?«

Tashi schaut auf seine Sternenmutter, ist überwältigt von den vielen neuen Verknüpfungen und Geschenken, die er auf dieser Reise mit nachhause nehmen darf. Zuhause? Ja, wo ist das eigentlich, zuhause? Ist er nicht überall ein wenig, nur ein wenig, zuhause? Zuhause bei sich selbst, zuhause bei der Sternenmutter, zuhause im Universum und zuhause bei seinen Menscheneltern?

Diese Frage kann er sich selber nicht richtig beantworten. Überall und nirgendwo so richtig, außer bei sich selbst. Vor sich selber kann er nie flüchten oder ausweichen. Unweigerlich ist sein eigenes Wesen sein Zuhause, das sich gerade in neue Dimensionen ausdehnt!

»Hallo Tashi, wo bist du? Erde ruft …!«
Leise ruft die Sternenmutter ihren grübelnden, sinnierenden Sohn in die Gegenwart.

Alle schauen Tashi an und erwarten seine Antwort auf Adlers Frage.

Er atmet tief, wie aus Trance aufwachend, und schaut auf sein Team, das so wunderprächtig zu ihm passt und sich um ihn sorgt.

Ein wenig müde von den vielen Erlebnissen auf seiner Reise antwortet er ruhig:

»Aber ja, sei auch willkommen in meinem Team! Auf jeder meiner Abenteuer Reise vergrößern wir uns. Du wirst mich lehren, wie man das Leben auch noch betrachten kann? Doch das ist gut, sei willkommen bei uns allen.«

Nun streckt er seine Hand aus, um dem Adler über die Federn zu streichen. Der lässt es geschehen, jeder aus dem Team soll ihn persönlich begrüßen. So lässt der Adler die Begrüßung über sich ergehen, um ganz zu ihnen zu gehören. Es ist ein großer Vogel. Klara, die auf den Armen von Waka sitzt, zögert ein wenig. Aus dessen sicherer Höhe im Schutze des großen Wächters neigt sie sich dem Adler entgegen und meint:

»Du weißt schon, dass ich Tashis beste Freundin bin, ja? Diesen Bonusplatz lasse ich mir nicht streitig machen! Du, großer Bote, magst ihm lehren, wie man die Dinge aus höheren Perspektiven beobachtet, ich gehöre zum Bodenpersonal und helfe ihm immer wieder, sich anständig zu erden! Wenn das so bleibt, bin ich dabei.«

Alle lachen, Klara ist wirklich toll und bringt immer wieder Humor und Leichtigkeit in eine schwierige Situation. Waka lacht so herzlich wie schon lange nicht mehr. Man ist erstaunt über diese Fröhlichkeit. Er drückt Klara an sich und meint:

»Klara, du bist ganz wunderbar, und glaube mir, Bodenpersonal hat es besonders schwierig mit Tashi, genau wegen der Erdung, die er besonders braucht! Ich glaube kaum, dass dir jemand deine Position streitig macht! Wir lieben dich doch alle sehr.«

Dabei drückt er sie noch einmal, um seine Worte zu bestätigen. Jetzt ist Klara fast aus dem Häuschen, sie liebt doch Tashis Wächter genauso. Was doch ein wenig freundliche Anerkennung alles bewirken kann! Selbst der Zwilling Begleiter lächelt, er gewöhnt sich schnell an seine neue Situation. Es gefällt ihm, dass hier so viel Freude und Verständnis herrschen. Klara schaut ihn listig an und versucht nochmal mit ihm zu flirten. Immerhin lächelt er ihr entgegen. Das ist doch schon mal ein guter Anfang. Aber so wunderbar wie Moldavit flirtet, das hat noch keiner hingebracht! Waka hat das natürlich bemerkt und zwickt sie sanft. Sie nimmt es leise gackernd zur Kenntnis.

Der Adler spreizt ganz leicht seine großen Flügel, ein Grinsen im Gesicht.

»Klara, du hast das wunderbar kurz und bündig klargestellt. Ich werde dir deinen Platz auf keinen Fall streitig machen, nie und nimmer. Wir gehören doch zur Vogelsorte und sollten uns unterstützen in unserer Aufgabe. Wir wollen keine Federn verlieren, im Gegenteil, unsere Federn sollen zur Leichtigkeit beitragen, nicht?«, wobei er ihr zuzwinkert, was sie sofort versöhnt und freudig annimmt.

Sie flattert aus Wakas Arm auf den Boden in den herrlichen Duft der Lavendelblüten und steht direkt vor den großen Adler. Ihr Federkleid schimmert prächtig weiß mit ihrem so typischen silbrigen Glanz. Schön anzuschauen neben dem Adler mit den vielen verschiedenen Brauntönen, die im Licht der Sonne leicht golden glänzen. Sie hält ihm einen Flügel entgegen, so als Willkommensgruß und Akzeptanz der ihnen jeweilig zugeteilten Aufgabe.

Es herrscht eine ausgelassene Stimmung und alle scheinen sich zu ergänzen und zu verstehen.

Langsam macht sich die ganze Gruppe Richtung Ahnenbank auf. Tashi freut sich, auf seiner geliebten Ahnenbank auszuruhen. Der Duft der Lavendel Blüten ist überaus intensiv, weil sie alle durch das Feld spazieren und bei deren Berührung der Blüten das ölige Parfum entweicht. Klara und der Adler hüpfen nebeneinander her, ganz ungleich in ihrer Größe, aber sie freunden sich sehr schnell an. Ist ja auch kein Wunder bei Klaras Offenheit und Humor. Das muss ja einfach gelingen!

Sasha und ihre beiden Wächter haben die ganze Szene aus der Distanz beobachtet und sind auf eine weitere Begrüßung gefasst. Ein kleiner Amselvogel hat sich auf Sashas Schultern gesetzt und ihr ein Liedchen gesungen, das sie sehr genossen hat. Ihr erscheint dieser magische Ort wirklich wie das Paradies. Und dann noch das herrliche Lavendelfeld mit seinem ausströmenden Duft. Sie steht auf, berührt den Baum mit den tiefen Furchen in seinem Holzkleid, sie bedankt sich für das Lied, das er ihr gesungen hat mit seinem Blätterrauschen. Ein Ast des Baumes neigt sich ihr entgegen und streichelt ihre Wangen. Als Dank tätschelt sie die dicke Rinde und spaziert ebenfalls zurück zur Ahnen Bank. Der allgemeine Treffpunkt für alle Beteiligten.

Tashi sieht sie schon von weitem. Er lässt die Hand seiner schönen Sternenmutter los und geht etwas schneller auf Sasha zu. Ihre Haare leuchten wie Feuer im Licht der Sonne. Er umarmt sie ganz natürlich, wohingegen Sasha etwas zaghaft scheint.

»Alles in Ordnung bei dir Sasha? Du siehst anders aus, so leicht, so … na ja so … hmmm, dreh dich doch mal um, vielleicht finde ich dann das passende Wort.«

Sasha dreht sich wunschgemäß einmal um ihre eigene Achse, wobei ihre langen Haare um sie herumschwingen.

»Ah jetzt weiß ich's, gelöst und irgendwie befreit. Treff ich's mit dieser Beschreibung?«

»Und wie du es triffst! Auch du bist anders, deine Poren scheinen ganz violett zu leuchten. Du scheinst größer geworden zu sein. Ich kann es noch nicht so gut beschreiben wie du. Es ist ohnehin alles etwas zu viel für mich. Ich bin einfach nur glücklich so etwas Magisches erleben zu dürfen. Das wird mir ja keiner glauben. Am besten, ich behalte das alles erst mal für mich, oder?«

»Würde ich dir auch empfehlen, immerhin haben wir uns und können uns gegenseitig unterstützen und austauschen. Komm, lass uns jetzt zu den anderen gehen und sehen, was noch auf uns wartet. Du hast doch keine Angst vor dem großen Adler oder?«

Etwas besorgt hält er seinen Arm über ihre zarten Schultern.

»Aber nein Tashi, der Adler ist ja zu dir gekommen und für dich da. Bei allem, was mit dir zu tun hat, habe ich keine Angst, oder wenigstens glaube ich, dass ich keine Angst haben *will*!«

Er freut sich über ihr Kompliment und aufrichtig gemeinte Worte. Er schaut sich nach ihren Wächtern Silk und Sensitiv um, die haben sich ja mächtig gemacht! Er staunt ganz ordentlich. Die beiden größer gewordenen Wächter freuen sich über seine Anerkennung und nicken ihm freudig entgegen.

So finden sich alle gleichzeitig bei der Ahnenbank wieder.

Die Amsel und ihre ganze Familie begrüßen den neuen Trupp mit einem überaus schönen Lied und der Baum tut wie immer sein Eigenes dazu, um die Atmosphäre zu vervollständigen.

(Da Sie, liebe Leserin und Leser, auch zum Trupp gehören, schwenkt der Lebensbaum einige Äste direkt vor ihr Gesicht und verheddert sich ein wenig in ihren Haaren. Haben Sie die liebevolle Geste aus der Anderswelt gespürt?)

Auch Lavendelquarz hat sich zum Trupp gesellt. Sie liebt es, wenn die Familie, Sternenfamilie oder Menschenfamilie gleichermaßen zusammenkommen und in Harmonie miteinander verweilen. Da sie die Rosenquarz Energie in sich birgt, werden die höhere Liebe und der gegenseitige Respekt aktiviert und ausgetauscht. Sie hält sich nahe an Sasha, die Lavendelquarz fest in ihr Herz geschlossen hat.

Es herrscht ein richtiges Freudenfest unter dem großen Lebensbaum. Sasha schaut sich in der großen Runde um, sie betrachtet alle Anwesenden, die nun zu ihrem erweiterten Freundeskreis gehören. Hier darf sie absolut sorgenfrei, ungehemmt und einfach sie selbst sein. An diesem Ort gibt es keine Geheimnisse, man darf traurig, fröhlich, ja sogar manchmal übermütig sein.

Die lebendige, belebte Natur ist ebenso zur Freundin geworden wie ihre neuen Freunde, die einfach nur menschlicher aussehen. Sasha nimmt das alles auf und ist sich ihres Glückes über dieses Geschenk bewusst. Die Sternenmutter fühlt die Gedanken des Mädchens und schließt sie sanft in die Arme. Auch jetzt spricht sie nicht, denn die Sternenmutter weiß! Das ist genug, jeder darf in seinem eigenen Raum bleiben ohne Einmischung oder weitere Belehrung.

Nachdem Tashi seine Lieblings Ahnenbank begrüßt hat, erzählt er einige Anekdoten von seiner Amethyst Reise. Nicht alles und nicht genau bis ins Detail, da es ja *seine* Reise ist. Das mit dem Archonten will er nicht erzählen, vielleicht einmal seiner Sternenmutter, wenn sie alleine sind. Das meiste wird sie ohnehin bereits erkannt haben. Ihr Talent, in die Tiefen einer Seele zu reisen, macht sie zu einer großen Heilerin, einer Königin der lichten Welten.

Waka reicht Tashi und der Sternenmutter das Kristallglas gefüllt mit Rosenquarz Edelsteinen. Sasha staunt und bevor sie etwas fragen kann, zwinkert ihr Waka zu, reicht Silk auch ein Glas, das er Sasha überreicht. Sie schaut in das schimmernde klare Wasser.

»Was ist denn das Schönes?«

Klara hüpft vor ihre Füße.

Wassersteine

»Sasha! Das sind Rosenquarzsteine, die ins Wasser gelegt werden. Nicht nur um schön auszusehen, sondern auch um etwas zu bewirken. Nenne es Edelsteinwasser oder wie du willst. Die Edelsteine verändern teilweise ihre Information, wenn sie im Wasser liegen. Wasser ist ein Informationsträger und leitet so die Essenz des jeweiligen Edelsteins ins Wasser. Wenn du das Wasser trinkst, bringt es die Information dorthin, wo du sie gerade brauchst.«

Sie schaut die staunende Sasha mit geneigtem Kopf an, ob sie das kapiert hat?

»Klara, woher weißt du das alles? Erstaunlich! Nun, das ist wertvolle Information, sehr schön, verändert es auch den Geschmack des Wassers?«

»Das kommt davon, wenn man zum Bodenpersonal von Tashi gehört! Man hört nie auf, irgendetwas zu lernen!«

Sie lachen, als Amethysts Begleiter auf sie zukommt. Zum ersten Mal seit seiner Ankunft auf Erden macht er sich bemerkbar und beantwortet die Frage wegen des Geschmacks.

»Ja, du wirst eine Veränderung im Geschmack des Wassers feststellen. Es wird möglicherweise etwas weicher, probiere es aus. Wenn du mir erlaubst, schenke ich dir noch einen Amethyst Stein, damit du ihn zum Rosenquarz in dein Kristallglas legen kannst?«

Jetzt schauen alle auf, ja das ist ja großartig. Natürlich möchten alle gerne einen Amethyst Stein in ihr Glas haben!

Amethyst zaubert aus dem Nichts drei herrlich strahlende Steine aus sich selbst heraus. Er haucht die Steine an, um sie vollzuladen, und verteilt behutsam in jedes Glas einer seiner Steine.

Tashi ist hingerissen, das war echt magisch. Alle drei, die Sternenmutter, Tashi und Sasha, halten ihr schönes Kristallglas in die Höhe und sind bezaubert von dem Funkeln, welches das durchscheinende Licht ausstrahlt.

Die Frische, die Lebendigkeit, die vom Amethyst ausgestrahlt werden, und die Ruhe, der innere Frieden, den Rosenquarz weiterschenkt, sind ein richtiges Wohlfühlgetränk der besonderen Art.

»Das Wasser kann auch äußerlich angewandt werden Sasha. Du kannst in Edelsteinwasser baden, Augenentzündungen lindern mit Amethyst Wasser, Wunde stellen abtupfen oder als Wickel benutzen. Lass dich verzaubern von der Heilkraft unserer Edelsteinseelen. Aber Kinder, seid vorsichtig, unsachgemäßes Verwenden von unseren Kräften kann gegenteilige Wirkungen haben! Und nicht alle Steine sind als Wassersteine geeignet, da sie giftige Substanzen enthalten!«

Lavendelquarz hat ihren Beitrag geleistet und schenkt jetzt auch noch jedem einen kleineren Stein aus ihrer Schatzkammer. Diese Kraft ist sehr stark und will besonnen verwendet werden.

Die drei genießen das Kristallglas, das wunderbar im Sonnenlicht schimmert, den Steinen, die darin liegen und ihre Magie entfalten. Das Licht scheint durch die Blätter des Baumes, die Amsel Kinder zwitschern, der facettierte Rosenquarz und nun auch der traumhaft schöne Amethyst Edelstein liegen auf der Bank. Selbst die Box mit den goldenen Verzierungen von Malachit und Moldavit liegt neben dem Baum, der sich ab und an mit Moldavit unterhält. Es ist ein absolutes Bild des Friedens, der Ruhe und des Staunens.

Wassersteine = Informieren Sie sich über Wassersteine und ihre Wirkungen

Tashi setzt sich auf die geliebte Bank, träumt in das facettierte Glas und beobachtet die Steine. Das Erlebnis mit dem Archonten hallt noch nach. Er braucht Zeit nur für sich, um alles zu verarbeiten. Geistesabwesend trinkt er einen Schluck Kristallwasser. Seine Wächter stehen nahe bei ihm.

Sasha und die Sternenmutter setzen sich hin, die Sternenmutter in die Mitte der Kinder. Silk und Sensitiv würden sich gerne noch etwas mit Tashis Wächter unterhalten. Es scheint, dass sie doch bald wieder aufbrechen müssen, zurück in die Menschenwelt. Wie könnte man da Sasha am besten begleiten und beraten? Wird sie sie auch hören und wahrnehmen, wenn sie im hektischen Alltagsstress gefangen ist? Viele Fragen, die noch zu beantworten sind. Nga und Waka hören die Gedanken der beiden und beginnen ein telepathisches Gespräche mit ihnen. Lavendelquarz setzt sich zu Füßen von Sasha, sie mag dieses Mädchen, das direkt aus dem Elfenreich zu kommen scheint.

Die Botschaft des Adlers

Der Adler räuspert sich und macht sich wieder bemerkbar.

»Oh Adler, ja du möchtest sicher auch noch etwas sagen, umsonst bist du nicht zu uns geschickt worden. Was möchtest du uns denn noch mitteilen?«

Tashi, ganz Profi in den meisten Situationen, hat das Räuspern des großen Vogels vernommen, obwohl er nun wirklich sehr müde ist. Automatisch, als wüsste sie bereits, was kommen wird, hält die Sternenmutter die Hände der beiden Kinder rechts und links von ihr. Der Wind nimmt leicht zu, ein kleiner Amsel Vogel fliegt direkt auf Tashis Schultern und irgendwie scheint sich plötzlich eine Schwere über das Lavendelfeld zu legen. Man möchte sie am liebsten wieder wegfegen, aber selbst das Erscheinen dieser Schwere scheint einen Zweck zu erfüllen.

Der Adler hüpft vor Sasha Füße, Lavendel Quarz erhöht die Energien um die Füße des Mädchens herum und der kleine Amsel Vogel streichelt ihre Wangen mit seinen zarten Flügeln. Da ist ganz klar was im Anzug. Jetzt wird auch Klara aufmerksam. Eine Traurigkeit legt sich um Sasha. Klara sieht das sofort und springt elegant auf des Mädchens Knie, wo sie sich sofort einkuschelt.

Der Adler räuspert sich noch einige Male, so als wäre ihm die Botschaft sehr unangenehm, die er überbringen soll. Er kann gar nicht aufhören sich zu räuspern.

»Okay, Adler, wir haben es erfasst, deine Mitteilung ist nicht die beste. Lass es uns hören, zusammen sind wir stark und helfen uns gegenseitig, Krisensituationen zu bewältigen. Wir sind ja nicht mehr alleine unterwegs! Lass es hören.«

Dankbar verneigt er sich leicht vor Tashi.

»Sasha, es gibt da etwas, du musst aber stark sein. Es ist mir wirklich höchst unangenehm, aber dennoch muss ich es dir überbringen.«

Tränen rollen jetzt ihre Wangen herunter, natürlich hat auch sie gespürt, dass diese Botschaft für sie ist. Die Sternenmutter hält ihre Hand fester, der kleine Vogel kuschelt sich ganz in ihren Nacken.

»Deine Mutter, Sasha …«

Dann räuspert sich der Adler wieder, weil es ihm so schwerfällt weiterzureden.

Sasha weint jetzt laut, sie weiß, wie die Botschaft lautet.

Der Adler spielt verlegen mit seinen Federn, dann lässt er die Nachricht endlich frei.

»Deine Mutter, Sasha, wird bald sterben. Wir nennen das natürlich nicht so, sie wird von ihren Schmerzen erlöst, wird eine Transformation erleben, um dann in den nächsten Gefilden weiterzuleben.«

Die Sternenmutter nimmt Sasha jetzt fest in ihre wunderbaren Arme, niemand spricht, aber alle fühlen mit ihr. Sie darf sich ganz ihrem Schmerz hingeben.

Der Adler lässt den Kopf hängen, das mag er wirklich nicht, solche Botschaften zu übermitteln. Tashi steht auf, winkt dem Adler, er solle ihm folgen und zusammen spazieren sie mitten in das berauschende Lavendelfeld.

Erst gehen sie schweigend nebeneinander her, Tashi pflückt ein paar Blüten, um sie später Sasha für ihre Mutter zu überreichen. Auch wenn sie Lavendelblumen nicht so mag, jedenfalls hat das Sasha gesagt, werden die Blüten der Mutter beim Übergang in die Anderswelt helfen.

Endlich spricht Tashi zu seinem neuen Gefährten. Fast unbemerkt ist ihnen der neue Amethyst Begleiter gefolgt. Nga und Waka sind bei der Bank geblieben und unterrichten nun die geschockten Silk und Sensitiv, wie sie in dieser Übergangsphase am effektivsten helfen können.

»Adler, das ist schon sehr deftig, musste das sein?«

»Ja Meister Tashi, weil nun alles sehr schnell geschehen wird. Was für einen besseren Zeitpunkt, was für einen schöneren Ort gäbe es, um Sasha auf diesen Übergang vorzubereiten? Wäre es besser, sie käme nach der Schule nach Hause und fände ihre Mutter leblos im Bett liegen? Ist es nicht besser, mit der bekannten Angst umzugehen und sich darauf vorbereiten zu können?

Alles hat seine Berechtigung!

Von diesem Kraftort kann Sasha bereits gestärkt und vorbereitet nach Hause. Die letzten Wochen, Tage und Stunden mit ihrer Mutter genießen und sich die Zeit nehmen, die sie braucht, um sich zu verabschieden! Du wirst sie begleiten in ihrer Trauer, sie wird dich brauchen, um über den Schmerz des Verlassenwerdens hinwegzukommen. Auch bei dir, Meister, werden sich einige Dinge verändern! Dieser Kraftort wird immer wichtiger für euch beide und noch vielen weiteren Freunden von euch, allerdings dies zu einem späteren Zeitpunkt.«

»Werden sich meine Eltern trennen? Ist es das, was du mir sagen musst?«

»Ja Meister, sie werden sich trennen. Du wirst deine Mutter erleben, wie du sie noch nie gesehen hast. Frei, erneuert, fröhlich. Alles wird einen neuen Weg einschlagen, eine neue Richtung. Amethyst hat dir bereits auf dem Regenbogen versprochen, dass, wenn du diesen Anteil deines Wesens akzeptieren wirst, sich eine komplett neue Richtung zeigen wird. Dieser Richtungswechsel ist jetzt! Deshalb sind wir alle hier, um dich zu begleiten und zu beschützen. Auch wenn dieser Augenblick sehr trist aussieht, er wird sich zum Wohle eurer Eltern verändern. Und für euch beide wird es so schön werden, wie ihr es beide noch nicht erlebt habt. Das Alte, das kennst du nun bestens, muss sterben, damit Neues daraus entstehen kann.«

Ja, das mit dem Loslassen und Neuwerden kann er mittlerweile auswendig.

Der Adler spricht weiter.

»Sasha wird ihre Mutter in deiner Anderswelt wiedersehen, um sich mit ihr zu treffen. Sowie du deine Sternenmutter immer wieder triffst. Sashas Mutter wird den Kontakt wollen, um noch einige Dinge zu klären, Klarheit, über die sie jetzt noch nicht verfügt. Klarheit, die sich erst nach der Umwandlung, also nach dem Sterben finden wird. Aber bis dahin wird es noch einige Zeit dauern. Deine Reise in das Reich des Amethystes hat alles schlagartig verändert. Du bist nicht mehr derselbe, dein Meisterselbst ist erwacht und will sich ausdrücken! Deshalb nenne ich dich Meister, egal dein Menschen Alter, das zählt nicht wirklich, sondern dein Wesen, das sich mit der Polarität versöhnt hat. Ein sehr, sehr langer Weg der Findung liegt hinter dir!«

Der Adler schweigt. Der lautlose Amethyst Begleiter legt einen Arm um Tashi, etwas ganz Neues, das hat er bis anhin auf der ganzen Reise noch nicht getan! Amethyst wächst im Turbotempo in seine neue Rolle. Das ist bemerkenswert. Tashi entspannt seine Schultern, spielt mit den Füßen im Lavendelbeet, saugt den entspannenden Duft ein und lässt sich treiben. Auch er muss sich erst an die lautlose, beinahe unsichtbare neue Amethyst Präsenz gewöhnen.

»Das kann ja heiter werden!«

Leise murmelt Tashi ein paar Dinge vor sich hin, um sich abzureagieren.

Der Adler sagt nichts mehr. Tashi möchte gerne einfach im Lavendelfeld herumspazieren, er braucht jetzt sein Alleinsein. Amethyst Begleiter und der Adler folgen ihm bei seinem Herumschlendern und Sinnieren. Tashi atmet den frischen Duft tief und geräuschvoll ein, um sich zu beruhigen.

Lange schlendert er im Lavendelfeld herum, er ist traurig, dass es seine Eltern nicht hinbekommen und es anscheinend auch gar nicht wollen. Aber wenigstens wird sich seine Mutter erholen und einen neuen, freieren Abschnitt beginnen. Demnach wird er bei ihr bleiben. Vielleicht wird sie dann eher auf ihn hören wollen? Er wendet sich dem Adler zu, um eine weitere drängende Frage zu stellen.

»Adler? Ich kann die beiden auch nicht mehr zusammenbringen oder ihre Situation retten?«

»Nein, Tashi Meister, das ist auch nicht deine Aufgabe. Deine Mutter braucht die Trennung, um sich und ihre Seele zu befreien. Du wirst staunen, was sich alles in der Seele deiner Mutter verbirgt! Ihre Zeit ist nun gekommen, um diese Talente, ihr Potential, das sie noch gar nicht angezapft hat, zu befreien! Dein Vater hat den Lichtpunkt nicht, er will ihn auch nicht finden. Er hat kein Interesse, alte Programmierungen loszulassen, um sein Spektrum zu erweitern. Deine Akzeptanz und Verständnis sind das größte Geschenk, das du deinen Eltern entgegenbringen kannst.«

Er ist sich also der Aufgabe des Rettens entledigt! Er seufzt, schaut sich nach seinen beiden neuen Begleitern um.

»Na dann, am besten wir akzeptieren die unumstößlichen Tatsachen. Ändern können wir doch nichts. Lasst uns zurück zur Ahnenbank gehen.«

Er seufzt erneut. Die Neuigkeiten liegen ihm schwer auf. Schließlich müssen sie beide, er und Sasha, damit klarkommen. Wenigstens haben sie noch etwas Zeit bei der Sternenmutter, bevor sie zurück durchs Dimensionentor müssen.

Schon von weitem sieht er wie seine treuen Wächter, Nga und Waka sich mit Silk und Sensitiv unterhalten und ihnen helfen, wie sie für Sasha am besten zur Verfügung stehen können. Sie wissen, dass die beiden Wächter nach dem Austritt aus dem Dimensionentor nicht mehr sichtbar sind für Sasha. Deshalb soll sie noch hier lernen, wie ihre unsichtbaren Begleiter zu fühlen sind.

Klara hat sich fest eingekuschelt auf Sashas Schoß und die Sternenmutter spricht leise auf sie ein. Dazwischen summt sie eine beruhigende Melodie. Lavendelquarz reinigt das Mädchen von ihrer Traurigkeit so gut, wie es eben geht.

Tashi setzt sich neben Sasha und hält einfach ihre Hand, nichts sonst. Er spricht nicht, erklärt nichts. Die Sternenmutter tut das auf ihre stille fürsorgliche Weise. Sie hält nun auch einen Arm um seine Schultern. Die beiden Kinder lehnen sich eng an sie, um sich trösten zu lassen.

Mit verweinten Augen schaut Sasha auf zur Sternenmutter.

»Das Schwierigste ist, dass ich sie dann nie mehr sehen kann. Es ist so endgültig und das macht mir Angst. Nie mehr mit ihr reden können, sie nichts mehr fragen können. Ich weiß nicht, wie ich das schaffen kann. Ich glaub, ich kann das nicht!«

Sie weint haltlos, das Loslassen ist eine enorm schwierige Sache! Leise flüstert sie unter Tränen:

»Soll ich denn meiner Mutter sagen, dass sie bald auf die andere Seite gehen wird? Wie soll ich damit umgehen?«

Die Sternenmutter glättet ihre nasse, traumhafte Haarpracht und streichelt ihre Wangen.

»Nein Sasha, deine Mutter spürt es, lass nur. Umarme sie, so oft du kannst. Sitze einfach bei ihr. Mache deine Schulaufgaben neben ihrem Bett, damit ihr beieinander seid. Ich gebe dir ein Lavendeltäschchen mit, das du dann einfach neben sie legst. Du brauchst es nicht zu erklären. Weißt du, wenn Menschen spüren, dass sie bald die Ebene wechseln, verändern sie sich manchmal noch in den letzten Stunden. Sie möchten unbewusst bereinigen, was sie versäumt haben. Halte ihre Hände, singe für sie, irgendetwas. Schullieder vielleicht, oder summe ihre Lullabys, wie ich sie dir und Tashi jeweils summe. Das beruhigt euch beide. Sie wird die letzten Momente genießen. Sag deinem Vater, er solle sich doch auch öfters in ihrem Zimmer aufhalten. Dein Vater hört auf dich, er spürt es auch! Die Seele weiß solche Dinge weit im Voraus! Nur kann sie oft die Zeichen nicht deuten oder will es nicht sehen. Die letzten Tage und Stunden in Frieden miteinander verbringen ist das schönste Geschenk für alle Beteiligten. Feiert das Leben, nicht das Sterben!«

Die Sternenmutter überlegt gerade, ob sie Sasha von einer zukünftigen Wiederbegegnung mit ihrer Mutter, hier an diesem Kraftort, erzählen soll oder nicht. Tashi spürt ihre Frage und schaut sie an, er nickt ganz leise, damit Sasha es nicht sehen kann. Der Baum hat die Frage auch gehört und raschelt mit den Blättern. Die Amsel singt erneut ein Lied, das die Sternenmutter in ihrem Entschluss bestärkt.

Sie lässt sich Zeit, bis sie die Richtigkeit ihrer Entscheidung spürt.

»Sasha, möchtest du gerne wieder einmal an diesen Kraftort kommen mit Tashi?«

»Oh Sternenmutter, nichts lieber als das! Ja sehr gerne. Ich werde es bestimmt brauchen.«

Sie seufzt, trocknet ihre Tränen mit dem Ärmel ihrer Jacke und haucht ein leises »Danke Sternenmutter«.

»Dann, Sasha kann ich dir etwas Erfreuliches mitteilen. Irgendwann, wenn deine Mutter sich in den anderen Gefilden angekommen fühlt und genügend ausgeruht hat, sollst du sie hier wiedersehen! Würde dich das freuen?«

»Haaach, wirklich?«

Tashi muss jetzt doch etwas lachen, das »Haaach« hat sie bestimmt von ihm.

Sie schaut kurz auf Tashi, weil er lacht, hüpft von der Bank auf und stellt sich vor die lächelnde Sternenmutter.

»Ja, bitte Sternenmutter, das wäre einfach wunderbar. Das hilft mir ungemein mit dieser holperigen Zeit zurechtzukommen. Ich glaube, so kann ich unsere Zeit, die wir noch auf Erden haben, viel besser ausnutzen. Es ist dann nicht ein Ende, ein fürchterliches nie aufhörendes Ende! Ja bitte, das ist wirklich *wirklich* ganz toll. Wird es auch so geschehen?«

Jetzt steht auch Tashi auf.

»Sasha, alle Versprechen, die mir aus diesen Welten gegeben wurden, wurden eingehalten! Als ich zur Erde reiste, hat mir Amethyst ein Versprechen gegeben. Und auf dieser Amethyst und Lavendelquarz Abenteuerreise hat er es eingehalten! Alles erfüllt sich, wenn die Zeit reif ist für die Erfüllung. Zeit ist halt eben so ein Ding, weißt du. Manchmal braucht es etwas Geduld für die Erfüllung!«

»Werde ich mich an dieses Versprechen erinnern, wenn wir aus deinem Kraftort aussteigen Tashi?«

Jetzt muss er wirklich lachen. Er erinnert sich, dass er die genau gleiche Frage seinem Lehrmeister im gelb-goldigen Departement auf der Regenbogenreise gestellt hat. Aus dem gleichen

Grund, wie Sasha nun fragt: nämlich, weil es ihm so unglaublich wichtig erschien!

»Ja wirst du, ich bin ja auch dabei und werde dich erinnern. Zudem, jedes Mal, wenn du einen großen Vogel am Himmel schweben siehst, wird deine Erinnerung aufgefrischt. Und Silk und Sensitiv begleiten dich ja auch wieder.«

»Wie werde ich sie denn fühlen können, wenn ich sie nicht sehen kann?«

Silk und Sensitiv, die sich aus den Gesprächen mit Nga und Waka gelöst haben, antworten fast gleichzeitig. Silk schaut Sasha liebevoll an. Es ist den beiden Wächtern und Beschützer ungemein wichtig, dass ihr Mädchen sie spürt, mit ihnen kommuniziert und sie um Hilfe bittet. Dafür sind sie auch bei ihr und begleiten sie ein Leben lang. Freundlich antwortet Silk:

»Sasha, wenn wir dich berühren, du uns aber dennoch nicht sehen kannst, wirst du Gänsehaut bekommen. Durch deine Haut werden wir uns bemerkbar machen. Oder möglicherweise kannst du uns riechen, du nimmst einen erfrischenden wohltuenden Duft wahr. Wir könnten uns doch auf Lavendel einigen, wenn du das magst? Dann nimmst du uns auch wahr. Oder wir schicken dir einen starken Impuls, dem du einfach folgen musst, weil es dich dazu drängt. Wenn du an etwas denkst, uns eine Frage stellst und um Antwort bittest, wirst du unseren Input fühlen. Es ist wie alles im Leben Übungssache. Reicht das für den Anfang?«

»Ja, das ist doch eine ganze Menge. Ich werde üben, wie Tashi mir das bereits öfters erklärt hat. Aber da ich euch nun tatsächlich als wahr, als echt, gesehen habe, hat sich mein Verständnis natürlich verändert! Ja, so kann ich mich wieder freuen. Danke Sternenmutter, danke euch allen, dass ich sowas Tolles erleben darf. Auch wenn es jetzt halt noch ein wenig traurig ist.«

Sie winkt dem Baum zu, der ihr ein kleines Ästchen als Trost geschickt und sich in ihren langen Haaren verirrt hat. Sie lächelt, dann kommt ihr plötzlich noch was in den Sinn.

»Sternenmutter! Oh je, und was sage ich meinem Vater? Von meinen Erlebnissen mit euch, von Lavendel, von überhaupt allem?«

Wie auf Befehl zwitschert die Amsel ganz laut. Alle schauen zu ihr hinauf in den hohen Baum. Man hört ihr aufmerksam zu.

Der Adler, der sich seit seiner Botschaft sehr still verhalten hat, räuspert sich wieder.

Tashi schaut ihn zweifelnd, stirnrunzelnd an.

»Aber nein, nicht schon wieder, oder?«

Er will keine traurige Botschaft mehr hören! Für dieses Mal ist das Quantum voll. Mehr als voll!

Das Lied der Amsel hört sich kräftig und freudig an.

Der Adler räuspert sich wieder.

»Nein, Meister Tashi, keine traurige Botschaft. Eigentlich im Gegenteil, etwas Schönes.«

Der Adler Bote schaut erst zu Sasha, dann wieder zu Tashi.

»Sasha, wollen wir den Adler aussprechen lassen? Können wir noch mehr ertragen?«

Sasha schaut die Sternenmutter an, sie braucht deren Unterstützung und Schutz. Diese nickt sanft und lächelt Sasha an.

»Ja okay. Wenn es mit der Antwort meiner Frage zu tun hat?«

»Ja hat es.«

Der Adler richtet sich groß und majestätisch auf. Das ist ja schon mal ein gutes Zeichen.

»Irgendwann in eurer Zukunft wirst du Tashi, deine Mutter, und du Sasha, deinen Vater, zu eurem gemeinsamen Kraftort bringen. Das ist das Schöne an dieser Botschaft. Eure beiden Eltern werden wieder lieben lernen, sie werden Vertrauen lernen und ihr beide werdet beste Freunde fürs Leben bleiben.«

Er schaut die beiden freudig an, er wäre sehr dankbar, wenn diese seine Botschaft richtig verstanden würde! Die Sternenmutter lächelt ihn an und selbst Sashas Wächter zwinkern sich gegenseitig freudig zu. Das sind wahrhaft erfreuliche Nachrichten.

»Eure Eltern werden nicht in diesen Kraftort kommen, aber sie werden euch dahin begleiten, denn auch sie wollen jetzt mehr über das Leben und seine Mechanismen wissen. Das Dimensionentor ist vorerst nur für euch bestimmt! Kinder, freut euch, nach den Tränen scheint die Sonne wieder. Es wird alles gut!«

Der Adler schaut sich zweifelnd um. Er will auch tolle Botschaften überbringen, und das wäre eigentlich eine solche.

Tashi schaut den grossen Vogel lange an. Man kann nichts aus seinem Gesicht lesen. Der Adler verharrt in seiner majestätischen Haltung. Die Amsel singt weiter ihr schönes Lied. Sie singt die Liebe, die alles heilt, in Schwingung.

Jetzt kommt Tashi auf den Adler zu, der sich nicht bewegt. Plötzlich beginnt er zu lächeln und berührt den herrlichen Kopf des Adlers.

»Nun hast du uns wieder versöhnt! Diese Botschaft ist entschieden besser als die erste. Darüber freuen wir uns natürlich, dass unsere Eltern einen Neuanfang erleben dürfen. Mir erscheint es so, als würden auch wir Kinder damit mehr Frieden und Fröhlichkeit erleben dürfen! Was meinst du Sasha? Es wird doch noch alles gut kommen.«

»Dann, glaube ich, werde ich meinem Vater nichts davon erzählen. Das wird sich dann alles von selber ergeben, oder Sternenmutter?«

»Du bist ein kluges Mädchen Sasha. So würde ich das auch machen. Die Freude wird dir Kraft geben, die du dann an deinen Vater weitergeben kannst. Erwachsene brauchen auch Zeit, sich aus der Trauer zu lösen. Deshalb wäre diese Information noch etwas verfrüht. Alles hat seine Zeit!«

Die Sternenmutter nimmt die beiden Kinder in ihre Arme und der Adler ist froh, dass er etwas Erfreuliches beitragen konnte.

Sie spazieren zum großen Baum, dann um den mächtigen Baum herum, um sich neu aufrichten zu lassen. Die Amsel singt weiter ihr fröhliches Lied, der Wind spielt mit Sashas langen kupferleuchtenden Haaren und Tashis Wuschelkopf. Der Adler, der neue Amethyst Begleiter und die vier Wächter, alle genießen sie die erfreuliche Botschaft, während sie den Frieden, den der Weltenbaum ausströmt, genießen. Pixie hat es sich auf Sashas Schultern gemütlich gemacht, um ganz nahe bei ihr zu sein.

An und ab berührt sie Sasha sehr sanft im Gesicht, um sie spüren zu lassen, dass sie nicht alleine ist in ihrer Trauer. Sasha genießt das Strahlen, die Leichtigkeit und das Mitgefühl, das Pixie ausströmt. Es stärkt sie bis tief in ihr aufgewühltes Wesen.

Die Emotionen renken sich wieder ein und bald herrschen erneut Akzeptanz und Ruhe. Mit dieser Ruhe und den versprochenen tröstlichen Zukunftsaussichten kann man dem Geschehen besser begegnen.

Gedankenabwesend bestaunt man die herrlichen Kristallgläser, in denen sich das Sonnenlicht verteilt und die wunderbarsten Regenbogenmuster in der Landschaft spiegelt.
    Ein Prost auf eine weitere gelungene Reise in neue ausgedehntere Dimensionen und erst noch einem neuen Mitglied aus der Menschenwelt, nämlich Sasha.

Lange, sehr lange umarmt Tashi seine schöne, weise Sternenmutter. Er muss sie spüren, ihren Duft und ihre Erinnerung mitnehmen in die Menschenwelt und alles, was da auf ihn zukommt. Klara hängt an seinen Füßen, sie will auch noch ein wenig Tashi haben! Er beugt sich ihr entgegen und spielt mit ihr. Pixie erlaubt sich ein kleines Versteckspiel mit Klara, die voll darauf eingeht. Sie schwebt um Tashi herum und Klara versucht sie zu erhaschen. Da Pixie so klein ist, kann sie sich leicht irgendwo um Tashi herum verstecken. Die beiden ungleichen Wesen ergänzen sich wunderbar, Pixie als das Ätherelement, Klara, welche die beiden Elemente Erde und Feuer symbolisiert.

Die Wächter stehen für ihre Schützlinge bereit. Silk und Sensitiv bedanken sich bei Nga und Waka für den tollen speditiven Unterricht, den sie von ihnen bekommen haben. Der neue Amethyst Begleiter steht geduldig neben den Wächtern, auch er wird mit in die Menschenwelt geschleust. Natürlich unsichtbar für alle. Er ist ein ruhiger Begleiter, macht nicht viel Aufhebens, berät nur wenn er gefragt wird. Ist aber ungeheuerlich stark in seiner Präsenz, er filtert die Weisheit, das Wissen und die Kraft des Amethyst Reiches direkt in Tashis Energiefeld.

Der Adler bleibt mit der Sternenmutter und Klara in der Anderswelt, nur sein Rufen weit in den Himmeln wird Tashi vernehmen, wenn er sich in der Natur befindet. Es ist der Ruf des Sieges, des Mutes und der höchsten Begleitung. Es ist der Ruf des Gedächtnisses aus der Zentralsonne, das ihn an den Frieden und des Getragen-Werdens auf Adlers Flügeln erinnern soll.

Nun darf Klara noch in Tashis Arme klettern und sich verabschieden. Es ist ein gelöstes und inniges Miteinander. Man weiß, dass man sich bald wieder sehen wird.

Tashi nimmt nun Sashas Hand und gemächlich schreiten sie auf das Dimensionentor zu. Sasha schaut zurück, um ihren neuen Freunden zu winken.

Der große Baum sendet einen fröhlichen Windstoß, so als würde er die beiden damit durch das Tor stupsen.

Sasha spürt den Energiewechsel, je näher sie sich dem Durchgang nähern. Sie seufzt laut, hält Tashis Hand fester. Sie würde am liebsten wieder weinen, erneut spürt sie die Angst, ihre Mutter loslassen zu müssen. Sie reißt sich zusammen, schaut auf ihren Freund Tashi und schreitet mutig durch das Tor. Tashi folgt direkt ein paar Zentimeter neben ihr. Zusammen gehen sie zurück durch das Dimensionentor in die Menschenwelt. Sashas Haare kleben wie bei ihrem Eintritt an den hohen elektrischen Energien fest. Tashi lacht und streicht ihr auch dieses Mal die Haare glatt. Sie bedankt sich, das sehe lustig aus, wie die Elektrizität die Haare in alle Richtungen verteilt.

Dann, als sie wieder ganz in der Menschenrealität sind, schaut sich Sasha um und ist doch etwas erschrocken, weil sie weder Silk noch Sensitiv sehen kann. Sie kann weder Nga, Waka, Pixie noch Amethyst Begleiter erkennen.

Sie schüttelt den Kopf, war das alles nur Phantasie? Ist sie aus einem Traum erwacht?

Zurück in der Menschenwelt

»Mir ist schwindlig Tashi, lass uns kurz hinsetzen. Der Übertritt von einer Wirklichkeit in die andere ist noch schwierig für mich.«

»Dein Stoffwechsel muss sich erst wieder an die niederen Schwingungen anpassen Sasha. Lass dir Zeit.«

Sie setzt sich hin und schaut sich nach dem Lavendeltäschchen um. Sie hat es fallen lassen beim Hindurchschreiten durch das Tor. Tashi sieht es und liest es für sie auf. Sie drückt es an ihr Herz. Das einzig Fassbare und Sichtbare, das ihr von diesem Ausflug geblieben ist. Also kann es doch keine Phantasie gewesen sein! Verstohlen schaut sie auf Tashis herrlichen Amethyst Stein, den er vom Commander bekommen hat. Zeichen, dass der Verstand doch keine Tricks mit ihr spielt. Sie schüttelt verwirrt den Kopf.

Tashi beobachtet, wie sich eine Libelle nähert. Er lächelt freudig, da er Pixie sofort wiedererkennt, die sich für ihn verwandelt hat. Als Libelle kann sie dauerhaft und sichtbar bei ihm bleiben! Sie landet auf seiner Hand und schaut ihn treuherzig an. Sasha sieht das und begrüßt Pixie zurück in der Menschenwelt. Dann meint sie etwas müde und melancholisch:

»Ich vermisse meine Wächter jetzt schon, deine schöne Sternenmutter und ihre Wärme und Geborgenheit, die sie mir geschenkt hat. Übrigens sehe ich deine Wächter auch nicht mehr, ach wie schade.«

Lange schaut sie auf Tashi und die ihr bekannte Umgebung.

»Ist schon alles ein wenig verwirrend, die beiden verschiedenen Welten als reale Wirklichkeiten zusammenzubringen.«

Sasha sitzt im feuchten Gras und seufzt. Da ist so unglaublich viel, das sie zu verarbeiten hat.

»Sasha, weißt du noch, dass ich dir gesagt habe, du bist nach diesem Erlebnis nicht mehr dieselbe? Alles verändert sich in eine ganz neue Wahrnehmung und Erkenntnis. Das ist nun deine neue Wirklichkeit! Du wirst dich schnell daran gewöhnen. Die ineinandergreifenden Wirklichkeiten können einem manchmal zu schaffen machen. Der Kopf kann damit nicht so gut umgehen. Dafür haben wir unsere Sinne, die Lavendel und Lavendelquarz erklärt haben. Und wenn's schwierig wird, haben wir ja uns! Gott sei Dank!«

Sie schaut ihn dankbar an und jetzt setzt er sich neben sie. Er spürt, dass Sasha noch etwas mehr Zeit braucht, bis sie sich erholt hat.

Von weit her hört man den Schrei eines Mäusebussards. Beide schauen hoch in den Himmel, es sind sogar mehrere Mäusebussarde.

»Weil es hier keine Adler gibt, schicken sie uns sicher das Naheliegendste, Mäusebussarde oder Milane. Aber die Symbolik können wir verstehen nicht? Das ist sicher, der Adler, den sie uns geschickt haben, ist ein Zeichen dafür, dass wir bestimmt nicht alleine sind!«

Lange beobachten beide den Flug, der die Vögel in der Thermik wie in einer Spirale höher und höher trägt.

Sasha knistert mit dem Lavendeltäschchen und riecht den herrlichen ätherischen Duft, der sie an das Lavendelfeld erinnert.

Sie nimmt einen lilafarbenen Schimmer um ihre Füße wahr. Sie zeigt still auf ihre Füße, ob Tashi das auch sehen kann?

»Es scheint, Lavendelquarz möchte dir noch etwas mitteilen? Lass uns hineinhören, mal sehen, ob du sie auch verstehen kannst?«

Beide stellen sich auf die Frequenz des Lavendelquarzes ein. Und prompt kann man auch etwas vernehmen, allerdings leise, sehr leise …

»Sasha, du könntest eine Box, eine ganz persönliche kleinere Schachtel, die du vielleicht selber basteln möchtest, nachts auf deinen Fenstersims stellen. Schreibe alle Sorgen, Kümmernisse, Freuden und Traurigkeiten auf, lege sie in deine Schachtel und über Nacht werde ich mich deiner Sorgen annehmen und die Schachtel leeren. Morgens bist du dann erfrischt und lässt die alten Sorgen hinter dir. Ist das ein guter Vorschlag bzw. eine gute Idee?«

Lavendelquarz lächelt und Sasha empfängt diese fürsorglichen Impulse.

Sie repetiert das Vernommene an Tashi, der das Gleiche gehört hat. Sie ist überglücklich, dass sie Lavendelquarz richtig interpretiert hat, und klatscht freudig in die Hände.

»Ja das mache ich gerne, was für eine schöne Idee. Danke Lavendelquarz!«

Sie umarmt ihre Füße, da das lila Licht dort zu sehen ist. Damit umarmt sie nicht nur ihre Füße, sondern natürlich auch Lavendelquarz.

»Was für eine fabelhafte Idee Tashi!«

Sie wiederholt ihre Freude und fühlt sich schon viel wohler bei so viel Unterstützung.

»Sie sind voll und ganz bei uns Sasha. Du wirst jetzt öfters Farben sehen oder die Aura bei einigen Menschen, weil dein drittes Auge ein wenig geöffnet wurde.«

Tashi zeigt ihr, wie man richtig tief einatmet, um sich ganz mit dem Körper zu verbinden. Sie wiederholt die Atemübungen, damit sie die auch zuhause, wenn sie allein ist, richtig machen kann. Langsam erholt sich Sasha, denkt über das nach, was jetzt auf sie zukommt mit ihrer Mutter.

»Ich vermisse deinen Baum!«

Sie hat es leise geflüstert. Dann steht sie langsam auf, glättet ihre Kleider, nimmt Tashis Hand und drückt sie fest.

»Ich bin froh, dass ich dich habe, ich wüsste nicht, wie ich das alles durchstehen würde ohne deine Hilfe. Lass uns jetzt nach Hause gehen. Sonst machen sich meine Eltern Sorgen. Ich mag nicht wirklich über mein Erlebnis erzählen. Ich sag ihnen einfach, dass wir den Tag zusammen verbracht haben, was ja auch stimmt. Ja?«

Tashi hält seinen Arm um ihre Schultern und auf einmal kriegt sie überall Gänsehaut.

»Oh Tashi, sieh mal! Das sind unsere Wächter. Oh Gott, ist das schön! Hach, jetzt bin ich aber froh, ganz klar kann ich sie spüren! Hast du auch Gänsehaut?«

Sie schauen auf ihre Arme, auf denen sich die Haare aufstellen, bei Tashi ist das nur leicht erkennbar, weil er sich gewohnt ist, seine Anderswelt zu spüren. Dafür scheint das violette Licht immer noch sehr stark durch seine Poren. Das kann sogar Sasha noch sehen.

Sasha ist entzückt und sie weiß und spürt jetzt ganz stark, dass sie begleitet und beschützt ist, auch wenn sie es nicht sehen kann. Sie macht einen kurzen Hüpfer und schmatzt einen Kuss auf Tashis Wange.

Auf ihrem Heimweg tauschen sie ihre Erlebnisse aus, vor allem Sasha, die voll des neu Erlebten ist. Zwischen Nachdenklichkeit und großer Freude ist gerade alles vertreten.

Tashi freut sich, Zeit für sich allein zu haben und sich ganz in seiner eigenen Welt des Sinnierens, des Rückzugs einzunisten. Das mit dem Archonten macht ihm ordentlich zu schaffen. Seinen vernachlässigten Anteil, der Teil seines Selbst, den er über die Äonen immer wieder versucht hat zu finden, diesen Teil in seiner Ganzheit zu integrieren und zu fühlen. Der Archont, sein tiefes armseliges sorgenvolles Selbst, darf endlich unbekannte Ängste, Blockaden und Hindernisse loslassen. Die innere Gefangenschaft hat ein Ende und findet ihren Frieden. Das braucht Zeit, Ruhe und einen Leerraum, in dem sich alles neusortieren und ausrichten kann. Ein wahrhaft neuer Zyklus hat für ihn begonnen.

Er will Zeit finden, um diese neue Ordnung betrachten und beobachten zu können. Sein eigenes Wesen neu erfahren und wahrnehmen zu können. Bis in seine Zellerinnerung wird jetzt neu sortiert, Erinnerungen an das Quellenselbst, das er in seinem Menschenkleid umsetzen soll, werden Schritt für Schritt erwachen. Zwei Seelenanteile, die nun eins werden – das Nach-Hause-Kommen, ankommen bei sich selbst.

Mit seiner neuen Begleitung, dem Amethyst Edelstein, der die Information durch die Anderswelt an ihn weitergibt, sowie seinem Amethyst Begleiter, der jetzt omnipräsent mit ihm weiterreist, ergibt sich ein ganz neues Gewebe seiner Existenz.

Er wird lernen müssen, wie es sich anfühlt, wenn sich Amethyst in seinem Wesen ausdehnt. Er hat ein diffuses Image, das ihm zeigt, wie sich seine eigene Zentralsonne in seinem Rumpf vergrößert und die Dateninfos ausdehnt. Er muss diese neue Realität lernen fließen zu lassen, ohne mentalen Zusammenbruch oder mentale und emotionale Verwirrung zu erfahren.

»Mein Gott, all diese vielen Erlebnisse, die kaum in Worten zu erzählen sind, erscheinen mir so völlig surreal, wenn ich sie mit meinem limitierten Menschenverstand betrachte!«

Schweigend und etwas selbstvergessen schreiten die beiden Kinder nebeneinander her. Manchmal berührt Sasha scheu Tashis Hand und beobachtet ihn, wie er tief über etwas nachgrübelt, und manchmal leise, für sie unverständliche Dinge vor sich hin murmelt wie gerade eben. Sie will ihn nicht unterbrechen. Er scheint meilenweit weg zu sein.

Auch für sie gibt es über so vieles nachzudenken, die Voraussage der Mutter, die neue Freundin Lavendelquarz und so unendlich berauschend viel Neues.

Ein schwerer Seufzer entwischt ihr, Tashi hört es und kehrt langsam wieder in die Gegenwart zurück. Fest drückt er ihre Hand, um ihr Mut zu machen und anzuzeigen, dass er sie auch ohne Worte verstanden hat.

Gerade bevor die Dunkelheit über das Dorf hereinbricht, erreichen die beiden Sashas Zuhause. Sie verabschieden sich, Tashi wendet sich zum Gehen und sofort verliert er sich wieder in seiner eigenen Welt.

Sein Heimweg führt ihn außerhalb, an die Peripherie des kleinen Dorfes.

Er nimmt den längeren Weg, einen Kieselweg und nur selten von Landfahrzeugen befahren. Die Kiesel knirschen unter seinen Schritten, von irgendwo her nimmt er das letzte Vogelgezwitscher, bevor es richtig dunkel wird, wahr. Es knackt am Waldrand, gerade als er einen kleinen Stein mit den Schuhen wegkicken will, fühlt er eine Bewegung auf seiner rechten Schulter. So als hätte es mit dem Knacken aus dem Waldrand zu tun. Abwesend fasst er sich an die Schulter, aber da ist nichts. Er schaut zum Waldrand, aber in der einbrechenden Dunkelheit ist nichts mehr Genaues auszumachen.

Wieder klopft es an seine Schulter, diesmal etwas hartnäckiger. Ein sehr vertrautes Geräusch flüstert leise in seine Ohren. Er steht still und das Knirschen der Kieselsteine verstummt. Es ist plötzlich sehr still, nur ein zarter Windhauch ist zu hören.

»Du leuchtest aber immer noch ganz ordentlich violett, fast wie ein Leuchtstab. Es strahlt direkt in die Anderswelt hinein!«

»Andrach? Bist du das?«

Jetzt regt es sich erneut auf Tashis Schulter und Andrach macht sich sichtbar, erst nur klein wie ein großer Käfer. Dann aber fliegt er direkt vor Tashi hin und nimmt deren menschliche Größe ein. Tashi, immer noch in seiner eigenen Gedankenwelt, muss sich erst orientieren.

»Andrach? Du bist es tatsächlich! Auf der ganzen Reise habe ich immer wieder Ausschau nach dir gehalten und konnte dich nirgends ausmachen. Und jetzt besuchst du mich sogar in meiner Menschenwelt? Was ist geschehen?«

Tashi ist verwirrt, müde und nicht sicher, ob er sich das einfach nur alles einbildet.

Andrach flattert mit seinem Flügel vor Tashis Gesicht hin und her.

»Ach Junge, wo ist denn mein Willkommenskomitee? Freust du dich denn gar nicht, dass ich dich besuche?«

Lange schaut er Andrach, seinen Seelendrachen, an.

Dann lächelt er seinen Freund müde an, umarmt ihn und genießt die herrliche Überraschung dieses ungeplanten Wiedersehens.

»Das ist sehr seltsam, dass du mich in dieser Welt besuchst, du leuchtest auch, leicht korallenfarbig. Weshalb erscheinst du erst jetzt, am Ende meiner Reise?«

Andrach spielt mit seiner korallenen Leuchtfarbe und vermischt sie mit Tashis starkem Violett. Dies ergibt ein traumhaftes tiefes dunkles Magenta. Genau die Farbe, in der die Blume des Lebens ihn besucht hat.

Tashis ist sehr müde, setzt sich auf den Kieselweg und deutet Andrach, sich doch neben ihn zu setzen.

Die beiden leuchten in ihren schönen Farben, mitten auf einem Feldweg, nicht zu sehen von den entfernten umliegenden Häusern und deren Bewohnern.

Lange betrachtet Andrach seinen Schützling, keiner spricht. Man genießt die Stille, die sich über das sie umgebende ländliche Feld legt.

Andrach ist leicht besorgt über die Stille und seltsame Reaktion seines Freundes.

»Du brauchst jetzt das leuchtende Korallenrot, um dich neu zu stärken. Deine Reise und die Begegnung mit dem Archonten haben dich, ohne dass du es momentan richtig wahrnehmen kannst, viel Energie und Kraft gekostet. Du hast dich von deiner alten Natur, deinem alten Wesen verabschiedet. Nun bin ich hier, um dich aufzubauen, nicht nur mit meiner Gegenwart, sondern auch durch meine Farbe. Und ich bin hier in deiner Menschenwelt, weil du die Polarität erkannt und durch die Vereinigung mit dem Archonten besiegt hast.

Das Hier und Dort sind aufgehoben. Deshalb auch die Grenzen des Sichtbaren und des Unsichtbaren. Du wirst mich in Zukunft öfters in dieser Realität antreffen!«

Jetzt strahlt er Tashi an, schubst ihn an, um den müden und überraschten Jungen aus der Reserve zu locken. Der aber schüttelt nur den Kopf. Es ist echt alles zu viel.

»Andrach, so viel hast du, glaube ich, noch nie an einem Stück gesprochen! Ist das jetzt auch neu?«

Wobei er seinen Drachen leicht zurückstupst. Sie bleiben auf dem Landweg sitzen, Tashi spielt mit den Steinen und lässt sie gedankenverloren durch die Finger fallen.

Andrach betrachtet seinen träumenden Jungen und meint verschmitzt:

»Wenn du die Kieselsteine noch ein paar hundert Millionen Jahre liegen lässt, werden sie auch einmal zu Quarzen oder zu Diamanten!«

Die Bemerkung zeigt nicht die gewünschte Wirkung. Fast etwas motzig kommt Tashis Retourkutsche:

»Ich will aber nie wieder zurück auf die Erde kommen, auch nicht in hundert Millionen Jahren. Dann werde ich wohl verpassen, wie sich die Steine bis dahin entwickelt haben.«

Tashi wirft ein kleiner Kiesel Richtung Andrach, der das Steinchen während des Fliegens augenblicklich in einen leuchtenden Edelstein verwandelt. Der Edelstein bleibt statisch in der Luft stehen und strahlt den total überrumpelten Tashi an.

Der Stein hat ein grinsendes Gesicht? Tashi glaubt zu träumen.

»Andrach, ich bin überfordert. Was davon ist Fantasie, wie viel davon ist Wirklichkeit? Ich bin doch auf dem Heimweg zu meinen Eltern. Ich bin mit Sasha durch das Portal in diese Wirklichkeit getreten. Was machen wir hier?«

Er lässt den Kopf hängen, schaut dann wieder auf den strahlenden Stein, der noch immer in der Luft hängenbleibt.

»Alles ist Wirklichkeit!«

»Alles ist Wirklichkeit, aaach, ich bin müde Andrach und einfach total erstaunt, dass du in meine Menschenwelt eingedrungen bist.«

Die beiden sitzen sich gegenüber, das Gras raschelt, als möchte es auch noch etwas dazu beitragen.

»Du hast einen langen Zyklus, der dich gefangen hielt, überwunden. Du bist in deine verborgenen Schattenwelten eingedrungen, wie nur wenige es tun. Dein Durchbruch auf dieser Amethyst Reise erlaubt deinen Sternengeschwister, sich in der menschlichen Gegenwart sichtbar und erlebbar zu zeigen. Unsere Begegnungen sind damit unbegrenzt!«

Andrach legt seinen Flügel über Tashis Schulter, der dies gerne geschehen lässt. Das herrliche Korallenrot beschützt und erquickt ihn und erneut bestaunt er den schwebenden, wie ein Diamant leuchtender Kristall.

Leise flüstert Andrach in die Stille hinein.

»Ich war immer an deiner Seite, während deiner ganzen Reise. Ich habe auch Pixie beobachtet, wie sie mit ihrem Charme alle verzaubert hat. Auf deiner nächsten Reise werde ich wieder voll sichtbar mit dabei sein. Bis dahin hat auch Sasha die Angst meiner Begegnung überwunden.

Mit deinem neuen Amethyst Begleiter und deinem herrlichen Edelstein hast du innere Glaubensmuster erlösen können. Die Türen vieler neuer Möglichkeiten stehen damit für dich offen. Übrigens, du hast mir dein herrliches Sieben-Ender Geschenk von Ashtar noch nicht vorgestellt!«

Dabei schaut Andrach auf den auffälligen Stein, der starke Energien ausstrahlt und gleichzeitig sanft im letzten Abendlicht leuchtet. Der schwebende Kiesel Kristall bewegt sich zum Amethyst hin, um ihn wie Andrach genauer unter die Lupe zu nehmen.

Das Erstaunen über die Schönheit und Kraft, die das Geschenk ausstrahlt, ist überaus groß. Im Geheimen ist Tashi nun endgültig überzeugt, dass Andrach tatsächlich mit auf seiner Reise war. Wie sonst wüsste er von Pixie und dem Amethyst Edelstein von Ashtar? Unmerklich schüttelt er den Kopf, obwohl er genau weiß, dass Andrach seine Gedanken lesen kann. Der aber lässt den müden Jungen in Ruhe und reagiert nicht weiter auf dessen Gedankengänge.

Mittlerweile hat sich die Nacht wie ein schweres Gewand über die Gegend gelegt. Die staunenden Freunde werden sich dessen bewusst und Tashi löst sich als Erster aus der Betrachtung und steht auf.

Andrach schüttelt sich ein wenig beim Aufstehen und lässt sein freundliches Grunzen ertönen. Das wiederum lässt Tashi zum ersten Mal, seit er wieder in der Menschenwelt ist, lächeln.

»Ah endlich, mein Junge, sehe ich dich wieder etwas entspannter und erst noch mit einem Lächeln. Ich begleite dich nach Hause, schenke dir Kraft und Harmonie durch meine kraftvolle Korallenfarbe, die habe ich extra für dich angenommen, um sie dir weiter zu schenken!«

Tashi wendet sich Andrach entgegen und umarmt ihn herzlich.

»Es tut mir leid Andrach, es beschäftigt mich so vieles, ich bin wahrlich überfordert. Es ist so toll, dass ich dich endlich wiedersehen kann. Habe dich so vermisst. Komme noch nicht ganz umhin, dass ich dich hier sehen kann! Und dass du so viel sprichst.«

Er bückt sich, um den Amethyst aufzuheben, den er auf den Kieselweg gelegt hat. Dabei beobachtet er, wie der leuchtende Kiesel langsam zur Erde schwebt und die Strahlkraft abnimmt. Der Kiesel ist wieder ein ganz normaler Kieselstein geworden.

Man weiß wirklich nie, welche Magie einem umgibt, bis man sich ihr hingibt! In Gedanken bedankt sich Tashi bei dem Kiesel, er wird ihn unter den vielen anderen nicht wiedererkennen. Genau wie bei den Menschen, man weiß nie, was sich hinter der Verpackung versteckt!

Andrach legt erneut einen Flügel um Tashi und wie alte Freunde spazieren sie gemütlich zu Tashis Elternhaus.

Ein letztes Mahnen seitens Andrach, bevor sie vor dem Haus ankommen:

»Tashi, du darfst auch mal nichts bewirken wollen. Du musst nicht müssen. Habe den Mut, loszulassen und nicht immer funktionieren zu müssen! Du kannst deine Eltern nicht vor sich selber retten, das ist nicht deine Aufgabe.

Sie haben ihre eigene Geschichte, die sie miteinander lösen müssen.

Deine Sternenfamilie und alle deine Begleiter, sichtbar und unsichtbar, umhüllen dich. Selbst dein Archont hilft dir, die Dinge so zu sehen, wie sie sind, und dabei neutral und in Beobachter Position zu bleiben. Lass dich von uns tragen und beflügeln. Selbst der Kiesel hat dir gezeigt, dass er einfach ein Kiesel ist. Leuchte dein Licht in die traurige Welt hinein, sonst nichts. Sei der Diamant, der dir der Kieselstein gezeigt hat. Du BIST eine diamantene Seele, das musst du nicht TUN.«

Lange schaut Tashi seinen wunderbaren weisen Freund an, der noch nie, aber auch wirklich nie so viele Worte gesprochen hat. Dann schaut er Andrach ein wenig schief in die goldenen

Augen, beinahe wie Pixie das mit ihrer charmanten süßen schiefen Kopflage tut, dabei seufzt er:

»Ach Andrach, so gerne würde ich eine Runde ums Haus fliegen auf deinem Rücken.«

Freudig richtet sich Andrach auf, zeigt sich in seiner ganzen stattlichen Größe und ruft:

»Dann halten wir doch mal kurz die Zeit an. Steig schnell auf und ich erfülle dir deinen Wunsch. Los, aufsteigen!«

So schnell war er noch selten auf Andrachs Rücken gestiegen, Tashi freut sich mächtig über diese unerwartete Wunscherfüllung. Er hält seinen Amethyst Stein fest in der einen Hand und mit der anderen klammert er sich an Andrachs Mähne. Da Andrach jederzeit Größe und Farbe verändern kann, hat er sich für diesen kurzen Flug ausgedehnt, damit Tashi auf seinem Rücken reiten kann.

Endlich findet er die Freude wieder, er fühlt das spielerische Element, das für kurze Zeit verloren schien. Nun wird doch noch alles gut. Er lacht und freut sich, die vielen Lichter der Häuser, die eines nach dem anderen aufleuchten, in der Distanz zu sehen.

Er liebt das Geräusch der mächtigen Flügel, wenn Andrach sie zusammenschlägt, um lautlos eine neue Runde zu segeln. Dieses Geräusch ist wie ein Windstoß, der ihn an seinen Weltenbaum erinnert. Er lächelt entzückt und atmet endlich wieder richtig tief durch.

Andrach spürt Tashis wiedergefundene Freude und beendet die Extra Tour. Sanft landet er nur wenige Meter entfernt im Feld hinter dem Haus.

»Nun Tashi Meister, so hat dich der Adler genannt, lasse ich dich und wir sehen uns bei der nächsten Reise wieder. Du weißt jetzt mit Sicherheit, dass ich unentwegt in deiner Nähe bin. Sonst wüsste ich auch die Geschichte vom Adler nicht!« Dabei zwinkert er Tashi zu und hilft ihm von seinem Rücken.

»Deine Mutter ist allein zuhause, dein Vater wie üblich beim Trinken auswärts. Verzage nicht, bald wird sich die Situation zum Besseren verändern. Denk daran, wir sind alle bei dir, um dich zu beschützen. Bald wirst du auch Nga und Waka in deiner Menschenwelt sehen können! Gute Nacht mein Junge, großer Meister!«

Tashi bedankt sich erneut für die wundersame Überraschung, umarmt seinen Freund Andrach, wendet sich, um zu winken, und sieht mit Erstaunen, wie sein herrlicher Führerdrache sich auflöst.

Lächelnd schüttelt er den Kopf und stapft müde nach Hause. Sein neuer Amethyst Begleiter unbemerkt, beinahe wie ein violetter Schatten lautlos hinter ihm herschwebend.

Er weiß, die wahre Aufgabe beginnt erst jetzt, nämlich das gelernte Wissen umzusetzen und Schritt für Schritt in das tägliche Leben zu integrieren.

Das ist die Lehre des Amethystes, die eigene Meisterschaft anzuerkennen, sie umzusetzen und zu leben. Das Tor zur Anderswelt immer offen und wachsam präsent zu halten.

Die Macht der Liebe, die seit Anbeginn aller Zeiten ihre Seelengeschwister zu sich ruft, wieder zu empfangen …

So findet die ewige, Äonenlange Suche nach dem verlorenen Selbst endlichen Frieden.

Der Sieg ist gewiss!

Band 5

Tashi – Sardonyx und Perlen

Ob die Prophezeiungen des Adlers sich bewahrheiten werden?

Wird Sashas Mutter trotz gegenteiliger Vorhersage wieder gesund?

Die nächste Reise mit Sardonyx, Perlen und Tashis besten Freunden wird es weisen.

Lavendelquarz

Gegen Stress
Verkrampfungen
Verkalkungen
Nervenentzündungen
Psychische Belastungen
Nierenleiden
Für Lebensfreude
Neue Wahrnehmung
Und vieles, vieles mehr …

Amethyst gehört zu den vielseitigsten Heilsteinen

Absolute Transformation
Bewusstseinserweiterung
Psychische Befreiung
Manifestation
Macht nüchtern und klar
Hilft für Konzentration
Entzündungshemmend
Gegen Kopfschmerzen
Geschwollene Augen
Für Magen und Darm
Schutzstein
Glücksstein
Und vieles, vieles mehr …

HERZ FÜR AUTOREN A HEART FOR AUTHORS À L'ÉCOUTE DES AUTEURS MIA KAPΔIA ΓIA ΣYГ
ARTA FÖR FÖRFATTARE UN CORAZÓN POR LOS AUTORES YAZARLARIMIZA GÖNÜL VERELIM S
RE PER AUTORI ET HJERTE FOR FORFATTERE EEN HART VOOR SCHRIJVERS TEMOS OS AU
ÖINKERT SERCE DLA AUTORÓW EIN HERZ FÜR AUTOREN A HEART FOR AUTHORS À L'ÉCC
ЧÃO ВСЕЙ ДУШОЙ К АВТОРАМ ETT HJÄRTA FÖR FÖRFATTARE Á LA ESCUCHA DE LOS AUT
URS MIA KAPΔIA ΓIA ΣYГГРАФЕIΣ UN CUORE PER AUTORI ET HJERTE FOR FORFATTERE EE
ARLARIM ÖINKÉRT SERCE DLA AUTORÓW EIN HERZ F
SCHR ÃO ВСЕЙ ДУШОЙ К АВТОРАМ ETT HJÄRTA F

Die Autorin

Arobed Assiah wurde in der Schweiz geboren. Viele
Jahre arbeitete sie im eigenen Familienbetrieb.
In den neunziger Jahren fiel es ihr zusehends
schwerer, als alleinerziehende Mutter in der Schweiz
zu leben. Deshalb entschied sie sich, mit ihrem
kleinen Sohn nach Neuseeland auszuwandern. Eine
radikale Entscheidung, da beide weder Englisch
sprachen noch sonst etwas über das Land wussten.
Das Land hat sich ihr wieder zurückgeschenkt,
es hat die Autorin die Kunst des Lebens gelehrt.
Sehr schnell haben sich schlummernde Talente
offenbart. Sie startete einen künstlerischen und
metaphysischen Neuanfang.

Mittlerweile lebt ihr Sohn mit seiner Familie in
Australien. Als stolze Geschichten schreibende
„Grandma" lebt sie irgendwo zwischen Himmel und
Erde, der Schweiz und ihrer Wahlheimat Neuseeland.
Dies erlaubt ihr, sich mit Liebe und Leidenschaft dem
Schreiben und dem Malen zu widmen.

Der Verlag

*Wer aufhört
besser zu werden,
hat aufgehört
gut zu sein!*

Basierend auf diesem Motto ist es dem novum Verlag
ein Anliegen neue Manuskripte aufzuspüren, zu ver-
öffentlichen und deren Autoren langfristig zu fördern.
Mittlerweile gilt der 1997 gegründete und mehrfach
prämierte Verlag als Spezialist für Neuautoren in
Deutschland, Österreich und der Schweiz.

**Für jedes neue Manuskript wird innerhalb
weniger Wochen eine kostenfreie, unverbind-
liche Lektorats-Prüfung erstellt.**

Weitere Informationen zum Verlag und
seinen Büchern finden Sie im Internet unter:

www.novumverlag.com

Arobed Assiah

Tashi
Rosenquarz und versteinertes Holz

ISBN 978-3-99064-719-6
62 Seiten

Eine fantastische Geschichte um einen sensiblen Jungen, dem sich aus anderen Sphären Erkenntnisse erschließen, die ihm die Kraft vermitteln, in seinem menschlichen Dasein positiv zu fühlen.

Arobed Assiah

Tashi
Reise ins Schattenland

ISBN 978-3-99064-940-4
182 Seiten

Ein Sternenjunge wird auf die Reise zur Erde – ins Schattenland – geschickt, um die Menschen an ihre Regenbogenreise zu
erinnern. Zur Vorbereitung auf sein materielles Leben wird er
in den jeweiligen Farbdimensionen neukodiert.

Arobed Assiah

Tashi
Malachit und Moldavit

ISBN 978-3-99107-172-3
152 Seiten

Eingetaucht in neue Sphären erlebt Tashi nun die Umpolung in ein neues Dasein. Kann er das überstehen? Und wird er seiner neuen Rolle und Verantwortung gerecht? Seine Freunde und Wächter sind ihm dabei eine große Hilfe.